Ivan Kouchnir

Économie de l'Afrique de l'Ouest

Série "Economie dans les pays"

première publication: 2020
dernière mise à jour: 2021-01-21

Ivan Kouchnir. Économie de l'Afrique de l'Ouest. Série "Economie dans les pays". - 2020. - 72 pages.

Ce livre sur l'économie de l'Afrique de l'Ouest des années 1970 aux années 2010. Données source provenant de UN Data.

Taille. Dans les années 2010, le produit intérieur brut de l'Afrique de l'Ouest s'élevait à 648,7 milliards de dollars par an; la valeur de l'agriculture était de 142,1 milliards de dollars; la valeur de l'industrie était de 132,7 milliards de dollars.

Productivité. Dans les années 2010, le PIB par habitant était de 1 864,5 dollars; l'agriculture par habitant était de 408,3 dollars; l'industrie par habitant était de 381,4 dollars. Étant donné que la productivité est inférieure à la moyenne inférieure à la moyenne, l'économie est classée comme moins développée.

Croissance. Dans les années 2010, la croissance du produit intérieur brut était de 3,6%; la croissance de l'agriculture était de 3,8%; la croissance de l'industrie était de 3,3%.

Structure. Dans les années 2010, l'économie de l'Afrique de l'Ouest était composée des secteurs suivants: industrie (27,4%), services (24,2%), agriculture (18,5%), transport (11,6%), commerce (10,7%), construction (7,6%).

Exportation et importation. Dans les années 2010, les exportations étaient supérieures de 1,1% aux importations, les exportations nettes représentant 0,23% du PIB.

Consommation et reproduction. L'attitude de la reproduction vis-à-vis de la consommation n'est pas meilleure que la moyenne mondiale; ainsi la part du PIB dans le monde n'augmentera donc pas.

Série "Economie dans les pays": parallel.page.link/fr

© Ivan Kouchnir, 2020

Tous les droits sont réservés.

ISBN: 9798613040957

Contenu

Partie I. Taille ... 4
    Chapitre I. Produit intérieur brut ... 5
    Chapitre II. Valeur ajoutée ... 9
    Chapitre III. Revenu national brut ... 13

Partie II. Structure ... 17
    Chapitre IV. Agriculture ... 18
    Chapitre V. Industrie ... 22
        Chapitre 5.1. Fabrication ... 26
    Chapitre VI. Construction ... 31
    Chapitre VII. Transport ... 35
    Chapitre VIII. Commerce ... 39
    Chapitre IX. Services ... 43

Partie III. Relations extérieures ... 47
    Chapitre X. Exportations ... 48
    Chapitre XI. Importations ... 52

Partie IV. Consommation ... 56
    Chapitre XII. Dépenses publiques ... 57
    Chapitre XIII. Dépenses ménagères ... 61
    Chapitre XIV. Consommation de nourriture ... 65

Partie V. Reproduction ... 68
    Chapitre XV. Formation de capital fixe ... 69

Partie I. Taille

	Les années 2010
PIB	648,7 milliards de dollars
Partager dans le monde	0,83%
Partager en Afrique	28,1%

Chapitre I. Produit intérieur brut

Le PIB de l'Afrique de l'Ouest est passé de 113,3 milliards de dollars par an dans les années 1970 à 648,7 milliards de dollars par an dans les années 2010, c'est-à-dire 535,4 milliards de dollars ou de 5,7 fois. La variation a été de 261,8 milliards de dollars en raison de l'augmentation de 1,7 fois des prix, et de 56,4 milliards de dollars en raison de la croissance de productivité de 1,2 fois, et de 217,2 milliards de dollars en raison de la croissance démographique. La croissance annuelle moyenne du PIB était de 3,4%. La valeur minimale était de 41,4 milliards de dollars en 1970. La valeur maximale était de 771,7 milliards de dollars en 2014.

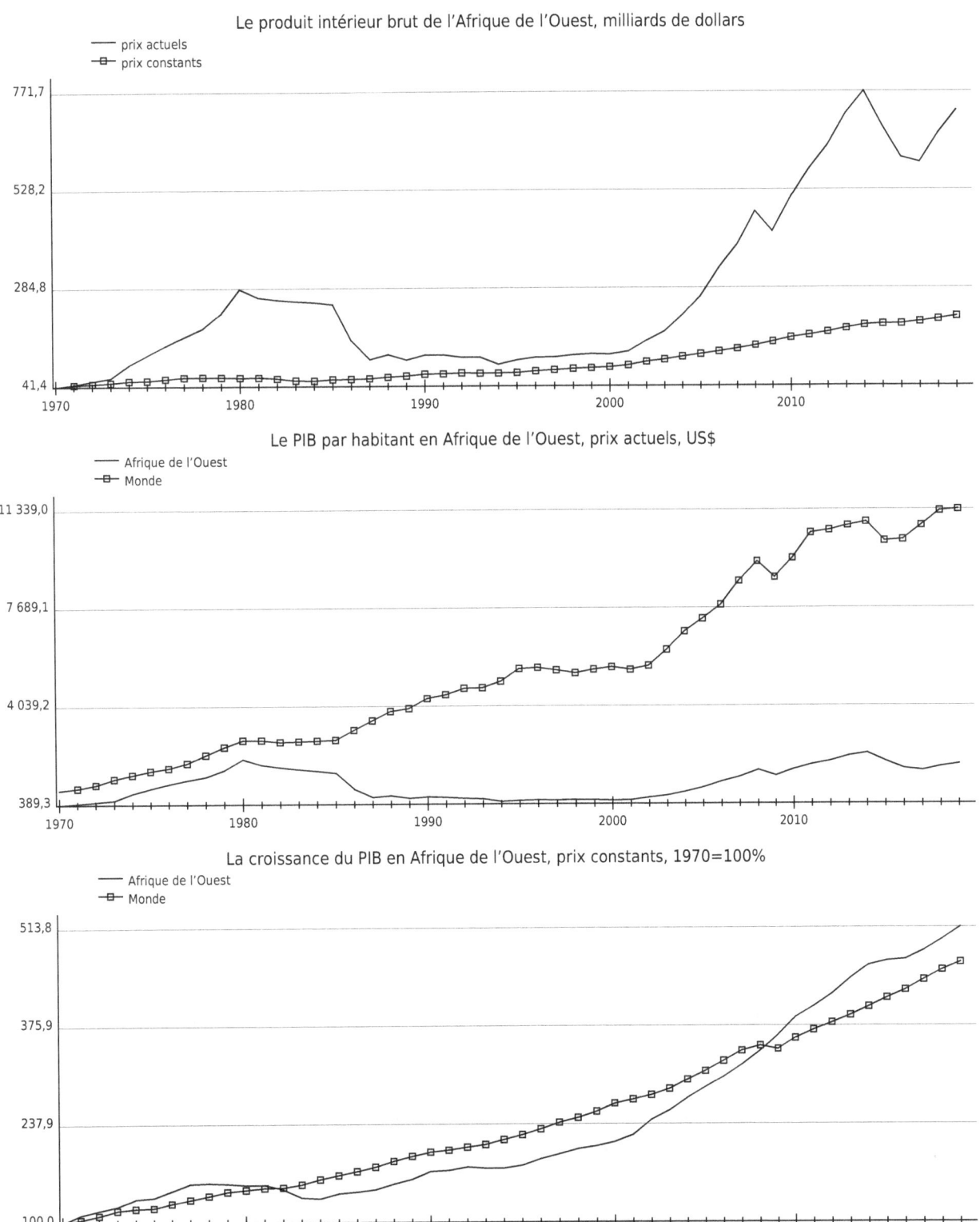

Les années 1970

Le produit intérieur brut de l'Afrique de l'Ouest était de 113,3 milliards de dollars par an dans les années 1970 à égalité avec l'Océanie (115,2 milliards de dollars). La part dans le monde était de 1,7% et de 42,6% en Afrique.

Le PIB de l'Afrique de l'Ouest était constitué de la formation de capital (72,6%), des dépenses ménagères (20,1%) et des dépenses publiques (3,8%).

Le produit intérieur brut par habitant en Afrique de l'Ouest était de 949.9 dollars dans les années 1970, à égalité avec Saint-Christophe-et-Niévès (953,2 de dollars), l'Algérie (936,2 de dollars), la Micronésie (934,6 de dollars). Le produit intérieur brut par habitant en Afrique de l'Ouest était 41,4% inférieur le PIB par habitant au Monde (1 620,8 US$), et 46,5% supérieur le PIB par habitant en Afrique (648,3 US$).

La croissance du PIB en Afrique de l'Ouest était de 5% dans les années 1970, à égalité avec l'Irlande (4,9%), le Mali (5,0%). La croissance du produit intérieur brut en Afrique de l'Ouest (5,0%) a été supérieure à celle du monde (4,1%), et supérieure à celle de l'Afrique (4,5%).

Comparaison avec les sous-régions. Le produit intérieur brut de l'Afrique de l'Ouest était supérieur à celui de l'Afrique du Nord (60,0 milliards de dollars), de l'Afrique australe (36,8 milliards de dollars), d'Afrique de l'Est (34,1 milliards de dollars) et de l'Afrique centrale (21,8 milliards de dollars). Le produit intérieur brut par habitant en Afrique de l'Ouest était supérieur à celui de l'Afrique du Nord (621,6 de dollars), de l'Afrique centrale (479,8 de dollars) et d'Afrique de l'Est (282,8 de dollars); mais inférieur à celui de l'Afrique australe (1 304,3 de dollars). La croissance du PIB en Afrique de l'Ouest était supérieure à celle de l'Afrique australe (3,1%), d'Afrique de l'Est (3,0%) et de l'Afrique centrale (1,5%); mais inférieure à celle de l'Afrique du Nord (6,7%).

Les leaders. Le PIB de l'Afrique de l'Ouest dans les années 1970 comprenait: Nigeria (82,1%), Ghana (4,4%), Côte d'Ivoire (3,7%), Sénégal (2,0%), Niger (1,2%), autres (6,5%). Le produit intérieur brut par habitant en Afrique de l'Ouest parmi les leaders: Nigeria (1 475,6 US$), Côte d'Ivoire (672,0 US$), Ghana (511,9 US$), Sénégal (473,8 US$), Niger (256,3 US$). La croissance du PIB en Afrique de l'Ouest parmi les leaders: Côte d'Ivoire (6,7%), Nigeria (5,3%), Sénégal (2,3%), Niger (1,7%), Ghana (0,66%).

Les années 1980

Le produit intérieur brut de l'Afrique de l'Ouest était de 203,7 milliards de dollars par an dans les années 1980. La part dans le monde était de 1,3% et de 37,9% en Afrique.

Le produit intérieur brut de l'Afrique de l'Ouest était constitué de la formation de capital (58,0%), des dépenses ménagères (35,3%) et des dépenses publiques (4,3%).

Le produit intérieur brut par habitant en Afrique de l'Ouest était de 1304.2 dollars dans les années 1980, à égalité avec les Îles Marshall (1 297,8 de dollars), la Micronésie (1 311,6 de dollars), la République dominicaine (1 313,6 de dollars). Le PIB par habitant en Afrique de l'Ouest était 2,4 fois inférieur le produit intérieur brut par habitant au Monde (3 123,4 US$), et 31,3% supérieur le PIB par habitant en Afrique (993,3 US$).

La croissance du PIB en Afrique de l'Ouest était de 0.4% dans les années 1980, à égalité avec Madagascar (0,40%). La croissance du PIB en Afrique de l'Ouest (0,40%) a été inférieure à celle du monde (3,0%), et inférieure à celle de l'Afrique (1,8%).

Comparaison avec les sous-régions. Le PIB de l'Afrique de l'Ouest était supérieur à celui de l'Afrique du Nord (143,4 milliards de dollars), de l'Afrique australe (87,6 milliards de dollars), d'Afrique de l'Est (64,1 milliards de dollars) et de l'Afrique centrale (39,3 milliards de dollars). Le PIB par habitant en Afrique de l'Ouest était supérieur à celui de l'Afrique du Nord (1 136,5 de dollars), de l'Afrique centrale (652,3 de dollars) et d'Afrique de l'Est (394,7 de dollars); mais inférieur à celui de l'Afrique australe (2 386,9 de dollars). La croissance du produit intérieur brut en Afrique de l'Ouest était inférieure à celle d'Afrique de l'Est (2,9%), de l'Afrique centrale (2,4%), de l'Afrique australe (2,4%) et de l'Afrique du Nord (2,2%).

Les leaders. Le produit intérieur brut de l'Afrique de l'Ouest dans les années 1980 comprenait: Nigeria (80,3%), Ghana (4,3%), Côte d'Ivoire (4,3%), Sénégal (2,3%), Niger (1,4%), autres (7,4%). Le PIB par habitant en Afrique de l'Ouest parmi les leaders: Nigeria (1 976,7 US$), Côte d'Ivoire (893,7 US$), Sénégal (735,3 US$), Ghana (689,6 US$), Niger (410,3 US$). La croissance du produit intérieur brut en Afrique de l'Ouest parmi les leaders: Sénégal (2,4%), Ghana (1,9%), Côte d'Ivoire (0,49%), Nigeria (-0,051%), Niger (-1,4%).

Les années 1990

Chapitre I. Produit intérieur brut

Le produit intérieur brut de l'Afrique de l'Ouest était de 112,3 milliards de dollars par an dans les années 1990 à égalité avec l'Iran (113,3 milliards de dollars). La part dans le monde était de 0,39% et de 19,0% en Afrique.

Le PIB de l'Afrique de l'Ouest était constitué des dépenses ménagères (62,0%), de la formation de capital (30,0%) et des dépenses publiques (7,2%).

Le produit intérieur brut par habitant en Afrique de l'Ouest était de 551.5 dollars dans les années 1990, à égalité avec la Guinée-Bissau (551,6 de dollars), l'Irak (552,2 dollars), l'Afrique centrale (558,2 de dollars). Le PIB par habitant en Afrique de l'Ouest était 9,1 fois inférieur le PIB par habitant au Monde (5 020,1 US$), et 33,8% inférieur le PIB par habitant en Afrique (833,3 US$).

La croissance du produit intérieur brut en Afrique de l'Ouest était de 2.5% dans les années 1990, à égalité avec le Niger (2,5%), l'Amérique du Sud (2,5%). La croissance du produit intérieur brut en Afrique de l'Ouest (2,5%) a été inférieure à celle du monde (2,8%), et supérieure à celle de l'Afrique (2,4%).

Comparaison avec les sous-régions. Le produit intérieur brut de l'Afrique de l'Ouest était supérieur à celui d'Afrique de l'Est (71,8 milliards de dollars) et de l'Afrique centrale (45,9 milliards de dollars); mais inférieur à celui de l'Afrique du Nord (210,1 milliards de dollars) et de l'Afrique australe (150,1 milliards de dollars). Le produit intérieur brut par habitant en Afrique de l'Ouest était supérieur à celui d'Afrique de l'Est (332,4 de dollars); mais inférieur à celui de l'Afrique australe (3 217,4 de dollars), de l'Afrique du Nord (1 315,9 de dollars) et de l'Afrique centrale (558,2 de dollars). La croissance du PIB en Afrique de l'Ouest était supérieure à celle de l'Afrique australe (1,6%) et de l'Afrique centrale (-0,36%); mais inférieure à celle de l'Afrique du Nord (3,3%) et d'Afrique de l'Est (2,8%).

Les leaders. Le PIB de l'Afrique de l'Ouest dans les années 1990 comprenait: Nigeria (49,7%), Ghana (12,7%), Côte d'Ivoire (10,2%), Sénégal (6,2%), Guinée (4,2%), autres (17,0%). Le produit intérieur brut par habitant en Afrique de l'Ouest parmi les leaders: Ghana (846,9 US$), Côte d'Ivoire (823,7 US$), Sénégal (810,9 US$), Guinée (658,4 US$), Nigeria (521,9 US$). La croissance du produit intérieur brut en Afrique de l'Ouest parmi les leaders: Guinée (4,3%), Ghana (4,3%), Sénégal (3,6%), Côte d'Ivoire (2,6%), Nigeria (2,2%).

Les années 2000

Le PIB de l'Afrique de l'Ouest était de 267,1 milliards de dollars par an dans les années 2000. La part dans le monde était de 0,57% et de 24,0% en Afrique.

Le PIB de l'Afrique de l'Ouest était constitué des dépenses ménagères (65,3%), de la formation de capital (24,2%) et des dépenses publiques (8,3%).

Le produit intérieur brut par habitant en Afrique de l'Ouest était de 1007 dollars dans les années 2000, à égalité avec le Sénégal (1 003,8 de dollars), le Cameroun (1 002,9 de dollars). Le produit intérieur brut par habitant en Afrique de l'Ouest était 7,1 fois inférieur le PIB par habitant au Monde (7 176,3 US$), et 18,0% inférieur le PIB par habitant en Afrique (1 228,8 US$).

La croissance du PIB en Afrique de l'Ouest était de 5.8% dans les années 2000, à égalité avec le Bangladesh (5,8%), le Cap-Vert (5,8%), la Géorgie (5,8%). La croissance du PIB en Afrique de l'Ouest (5,8%) a été supérieure à celle du monde (3,0%), et supérieure à celle de l'Afrique (5,1%).

Comparaison avec les sous-régions. Le PIB de l'Afrique de l'Ouest était supérieur à celui de l'Afrique australe (238,1 milliards de dollars), d'Afrique de l'Est (122,4 milliards de dollars) et de l'Afrique centrale (100,3 milliards de dollars); mais inférieur à celui de l'Afrique du Nord (386,0 milliards de dollars). Le produit intérieur brut par habitant en Afrique de l'Ouest était supérieur à celui de l'Afrique centrale (904,8 de dollars) et d'Afrique de l'Est (428,9 de dollars); mais inférieur à celui de l'Afrique australe (4 376,0 de dollars) et de l'Afrique du Nord (2 027,6 de dollars). La croissance du produit intérieur brut en Afrique de l'Ouest était supérieure à celle d'Afrique de l'Est (5,5%), de l'Afrique du Nord (4,9%) et de l'Afrique australe (3,6%); mais inférieure à celle de l'Afrique centrale (6,5%).

Les leaders. Le produit intérieur brut de l'Afrique de l'Ouest dans les années 2000 comprenait: Nigeria (67,3%), Ghana (8,4%), Côte d'Ivoire (6,4%), Sénégal (4,1%), Mali (2,3%), autres (11,5%). Le PIB par habitant en Afrique de l'Ouest parmi les leaders: Nigeria (1 306,5 US$), Ghana (1 039,0 US$), Sénégal (1 003,8 US$), Côte d'Ivoire (932,7 US$), Mali (487,5 US$). La croissance du PIB en Afrique de l'Ouest parmi les leaders: Mali (8,5%), Nigeria (7,6%), Ghana (5,3%), Sénégal (3,5%), Côte d'Ivoire (0,69%).

Les années 2010

Le PIB de l'Afrique de l'Ouest était de 648,7 milliards de dollars par an dans les années 2010. La part dans le monde était de 0,83% et de 28,1% en Afrique.

Le PIB de l'Afrique de l'Ouest était constitué des dépenses ménagères (72,7%), de la formation de capital (19,5%) et des dépenses publiques (8,5%).

Le PIB par habitant en Afrique de l'Ouest était de 1864.5 dollars dans les années 2010, à égalité avec la Côte d'Ivoire (1 882,8 de dollars), le Soudan (1 833,1 de dollars), le Nicaragua (1 897,5 de dollars). Le produit intérieur brut par habitant en Afrique de l'Ouest était 5,7 fois inférieur le produit intérieur brut par habitant au Monde (10 603,1 US$), et 5,8% inférieur le produit intérieur brut par habitant en Afrique (1 979,5 US$).

La croissance du produit intérieur brut en Afrique de l'Ouest était de 3.6% dans les années 2010, à égalité avec les Émirats arabes unis (3,6%), la Lituanie (3,6%). La croissance du PIB en Afrique de l'Ouest (3,6%) a été supérieure à celle du monde (3,1%), et supérieure à celle de l'Afrique (2,9%).

Comparaison avec les sous-régions. Le produit intérieur brut de l'Afrique de l'Ouest était 64,8% supérieur à celui de l'Afrique australe (393,7 milliards de dollars), 2,1 fois supérieur à celui d'Afrique de l'Est (314,4 milliards de dollars) et 2,7 fois supérieur à celui de l'Afrique centrale (243,0 milliards de dollars); mais 9,0% inférieur à celui de l'Afrique du Nord (712,8 milliards de dollars). Le PIB par habitant en Afrique de l'Ouest était 16,8% supérieur à celui de l'Afrique centrale (1 595,9 de dollars) et 2,3 fois supérieur à celui d'Afrique de l'Est (818,3 de dollars); mais 3,4 fois inférieur à celui de l'Afrique australe (6 298,2 de dollars) et 42,1% inférieur à celui de l'Afrique du Nord (3 219,8 de dollars). La croissance du PIB en Afrique de l'Ouest était supérieure à celle de l'Afrique centrale (2,8%), de l'Afrique australe (1,9%) et de l'Afrique du Nord (1,6%); mais inférieure à celle d'Afrique de l'Est (6,1%).

Les leaders. Le PIB de l'Afrique de l'Ouest dans les années 2010 comprenait: Nigeria (69,2%), Ghana (8,7%), Côte d'Ivoire (6,7%), Sénégal (3,0%), Mali (2,2%), autres (10,2%). Le produit intérieur brut par habitant en Afrique de l'Ouest parmi les leaders: Nigeria (2 505,2 US$), Ghana (2 042,9 US$), Côte d'Ivoire (1 882,8 US$), Sénégal (1 368,7 US$), Mali (815,6 US$). La croissance du produit intérieur brut en Afrique de l'Ouest parmi les leaders: Mali (8,1%), Ghana (6,7%), Sénégal (4,9%), Nigeria (3,6%), Côte d'Ivoire (-2,1%).

Chapitre II. Valeur ajoutée

La valeur ajoutée de l'Afrique de l'Ouest est passé de 109,0 milliards de dollars par an dans les années 1970 à 629,4 milliards de dollars par an dans les années 2010, c'est-à-dire 520,4 milliards de dollars ou de 5,8 fois. La variation a été de 280,3 milliards de dollars en raison de l'augmentation de 1,8 fois des prix, et de 31,1 milliards de dollars en raison de la croissance de productivité de 1,1 fois, et de 209,0 milliards de dollars en raison de la croissance démographique. La croissance annuelle moyenne de la valeur ajoutée était de 3,3%. La valeur minimale était de 40,4 milliards de dollars en 1970. La valeur maximale était de 747,8 milliards de dollars en 2014.

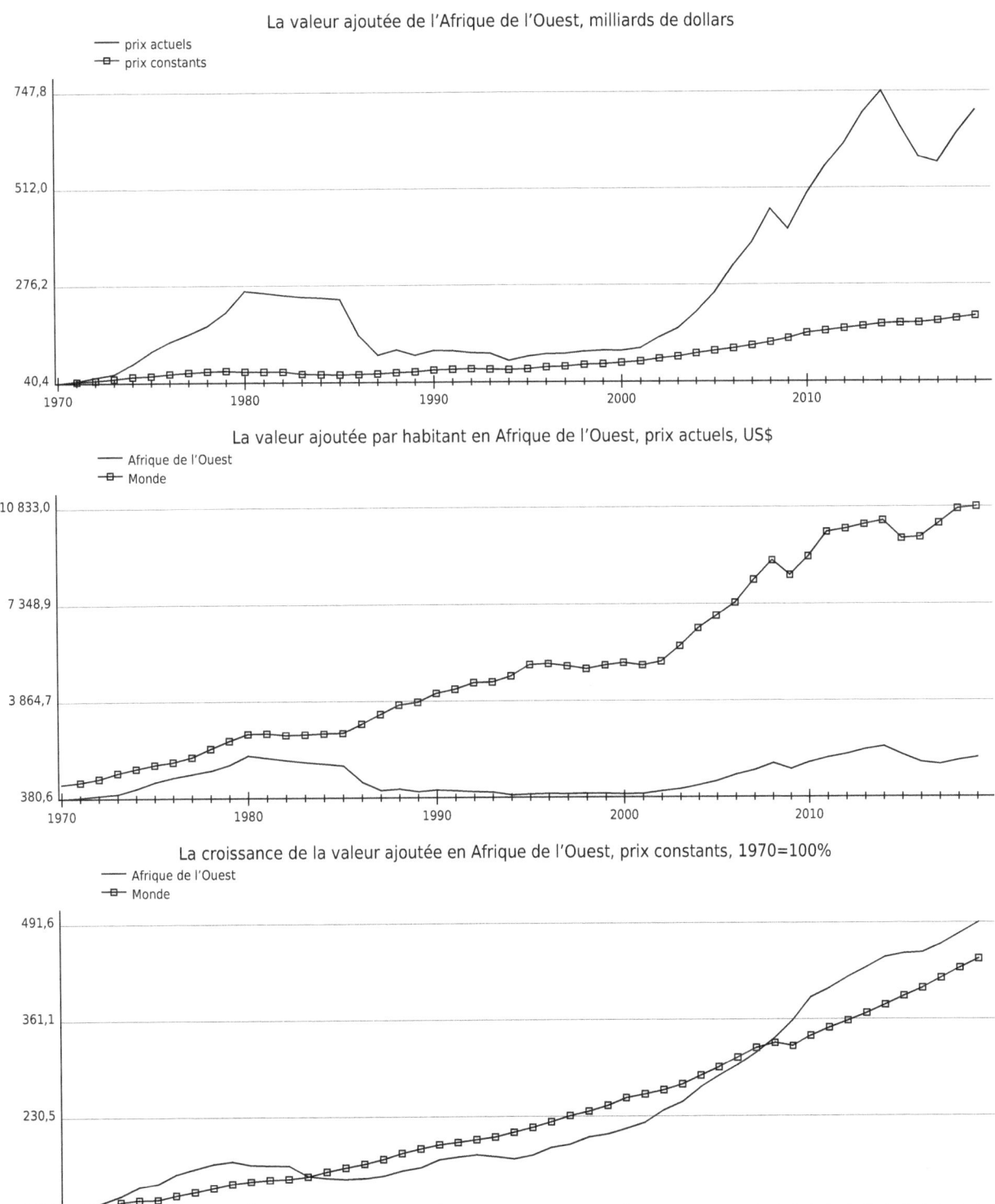

Les années 1970

La valeur ajoutée de l'Afrique de l'Ouest était de 109,0 milliards de dollars par an dans les années 1970 à égalité avec l'Océanie (108,3 milliards de dollars). La part dans le monde était de 1,7% et de 42,9% en Afrique.

La valeur ajoutée totale de l'Afrique de l'Ouest était constituée de: industrie (27,4%), services (24,2%), agriculture (18,5%), transport (11,6%), commerce (10,7%), construction (7,6%).

La valeur ajoutée par habitant en Afrique de l'Ouest était de 914 dollars dans les années 1970, à égalité avec la Micronésie (912,7 de dollars), le Brésil (918,5 de dollars), les Seychelles (907,5 de dollars). La valeur ajoutée par habitant en Afrique de l'Ouest était 41,6% inférieure la valeur ajoutée par habitant au Monde (1 564,4 US$), et 47,7% supérieure la valeur ajoutée par habitant en Afrique (619,0 US$).

La croissance de la valeur ajoutée en Afrique de l'Ouest était de 6.1% dans les années 1970, à égalité avec le Costa Rica (6,2%). La croissance de la valeur ajoutée en Afrique de l'Ouest (6,1%) a été supérieure à celle du monde (3,9%), et supérieure à celle de l'Afrique (4,9%).

Comparaison avec les sous-régions. La valeur ajoutée de l'Afrique de l'Ouest était supérieure à celle de l'Afrique du Nord (56,8 milliards de dollars), de l'Afrique australe (34,4 milliards de dollars), d'Afrique de l'Est (32,4 milliards de dollars) et de l'Afrique centrale (21,4 milliards de dollars). La valeur ajoutée par habitant en Afrique de l'Ouest était supérieure à celle de l'Afrique du Nord (588,7 de dollars), de l'Afrique centrale (470,6 de dollars) et d'Afrique de l'Est (268,1 de dollars); mais inférieure à celle de l'Afrique australe (1 220,6 de dollars). La croissance de la valeur ajoutée en Afrique de l'Ouest était supérieure à celle d'Afrique de l'Est (3,1%), de l'Afrique australe (2,7%) et de l'Afrique centrale (1,4%); mais inférieure à celle de l'Afrique du Nord (6,7%).

Les leaders. La valeur ajoutée de l'Afrique de l'Ouest dans les années 1970 comprenait: Nigeria (81,6%), Ghana (4,8%), Côte d'Ivoire (3,7%), Sénégal (1,9%), Guinée (1,2%), autres (6,8%). La valeur ajoutée par habitant en Afrique de l'Ouest parmi les leaders: Nigeria (1 411,1 US$), Côte d'Ivoire (636,8 US$), Ghana (530,8 US$), Sénégal (430,4 US$), Guinée (294,9 US$). La croissance de la valeur ajoutée en Afrique de l'Ouest parmi les leaders: Côte d'Ivoire (7,3%), Nigeria (7,0%), Guinée (3,0%), Sénégal (2,2%), Ghana (-0,45%).

Les années 1980

La valeur ajoutée de l'Afrique de l'Ouest était de 199,6 milliards de dollars par an dans les années 1980 à égalité avec l'Australie (203,3 milliards de dollars). La part dans le monde était de 1,4% et de 38,8% en Afrique.

La valeur ajoutée totale de l'Afrique de l'Ouest était constituée de: industrie (28,2%), services (23,1%), agriculture (19,2%), transport (12,7%), commerce (11,9%), construction (4,9%).

La valeur ajoutée par habitant en Afrique de l'Ouest était de 1278.1 dollars dans les années 1980, à égalité avec la République dominicaine (1 268,2 de dollars), le Liban (1 297,0 de dollars), Maurice (1 253,3 de dollars). La valeur ajoutée par habitant en Afrique de l'Ouest était 2,4 fois inférieure la valeur ajoutée par habitant au Monde (3 029,9 US$), et 34,7% supérieure la valeur ajoutée par habitant en Afrique (948,7 US$).

La croissance de la valeur ajoutée en Afrique de l'Ouest était de -0.5% dans les années 1980, à égalité avec la Bolivie (-0,53%). La croissance de la valeur ajoutée en Afrique de l'Ouest (-0,53%) a été inférieure à celle du monde (2,9%), et inférieure à celle de l'Afrique (1,2%).

Comparaison avec les sous-régions. La valeur ajoutée de l'Afrique de l'Ouest était supérieure à celle de l'Afrique du Nord (136,8 milliards de dollars), de l'Afrique australe (80,2 milliards de dollars), d'Afrique de l'Est (58,7 milliards de dollars) et de l'Afrique centrale (38,6 milliards de dollars). La valeur ajoutée par habitant en Afrique de l'Ouest était supérieure à celle de l'Afrique du Nord (1 084,0 de dollars), de l'Afrique centrale (640,6 de dollars) et d'Afrique de l'Est (361,3 de dollars); mais inférieure à celle de l'Afrique australe (2 186,7 de dollars). La croissance de la valeur ajoutée en Afrique de l'Ouest était inférieure à celle d'Afrique de l'Est (2,9%), de l'Afrique australe (2,5%), de l'Afrique centrale (2,4%) et de l'Afrique du Nord (1,4%).

Les leaders. La valeur ajoutée de l'Afrique de l'Ouest dans les années 1980 comprenait: Nigeria (80,3%), Ghana (4,3%), Côte d'Ivoire (4,2%), Sénégal (2,2%), Guinée (1,5%), autres (7,4%). La valeur ajoutée par habitant en Afrique de l'Ouest parmi les leaders: Nigeria (1 937,3 US$), Côte d'Ivoire (861,8 US$), Sénégal (691,1 US$), Ghana (681,2 US$), Guinée (550,6 US$). La croissance de la valeur ajoutée en Afrique de l'Ouest parmi les leaders: Guinée (2,8%), Sénégal (2,5%), Ghana (1,5%), Nigeria (-0,0097%), Côte d'Ivoire (-2,9%).

Les années 1990

Chapitre II. Valeur ajoutée

La valeur ajoutée de l'Afrique de l'Ouest était de 109,8 milliards de dollars par an dans les années 1990 à égalité avec la Finlande (107,8 milliards de dollars), l'Iran (112,6 milliards de dollars). La part dans le monde était de 0,40% et de 19,5% en Afrique.

La valeur ajoutée totale de l'Afrique de l'Ouest était constituée de: industrie (27,6%), agriculture (26,6%), services (20,2%), commerce (16,9%), transport (5,9%), construction (2,8%).

La valeur ajoutée par habitant en Afrique de l'Ouest était de 539.3 dollars dans les années 1990, à égalité avec la Guinée-Bissau (533,0 de dollars), le Bhoutan (526,8 de dollars), l'Afrique centrale (552,7 de dollars). La valeur ajoutée par habitant en Afrique de l'Ouest était 8,9 fois inférieure la valeur ajoutée par habitant au Monde (4 799,9 US$), et 32,0% inférieure la valeur ajoutée par habitant en Afrique (793,2 US$).

La croissance de la valeur ajoutée en Afrique de l'Ouest était de 2.5% dans les années 1990, à égalité avec les Fidji (2,4%), l'Amérique du Sud (2,5%). La croissance de la valeur ajoutée en Afrique de l'Ouest (2,5%) a été inférieure à celle du monde (2,7%), et supérieure à celle de l'Afrique (2,3%).

Comparaison avec les sous-régions. La valeur ajoutée de l'Afrique de l'Ouest était supérieure à celle d'Afrique de l'Est (67,2 milliards de dollars) et de l'Afrique centrale (45,5 milliards de dollars); mais inférieure à celle de l'Afrique du Nord (202,1 milliards de dollars) et de l'Afrique australe (137,2 milliards de dollars). La valeur ajoutée par habitant en Afrique de l'Ouest était supérieure à celle d'Afrique de l'Est (311,3 de dollars); mais inférieure à celle de l'Afrique australe (2 940,0 de dollars), de l'Afrique du Nord (1 265,9 de dollars) et de l'Afrique centrale (552,7 de dollars). La croissance de la valeur ajoutée en Afrique de l'Ouest était supérieure à celle de l'Afrique australe (1,5%) et de l'Afrique centrale (-0,78%); mais inférieure à celle de l'Afrique du Nord (3,1%) et d'Afrique de l'Est (2,9%).

Les leaders. La valeur ajoutée de l'Afrique de l'Ouest dans les années 1990 comprenait: Nigeria (50,3%), Ghana (12,6%), Côte d'Ivoire (10,0%), Sénégal (6,0%), Guinée (4,5%), autres (16,6%). La valeur ajoutée par habitant en Afrique de l'Ouest parmi les leaders: Ghana (822,3 US$), Côte d'Ivoire (789,1 US$), Sénégal (765,7 US$), Guinée (689,4 US$), Nigeria (516,7 US$). La croissance de la valeur ajoutée en Afrique de l'Ouest parmi les leaders: Guinée (4,0%), Ghana (3,5%), Sénégal (3,0%), Côte d'Ivoire (2,6%), Nigeria (2,2%).

Les années 2000

La valeur ajoutée de l'Afrique de l'Ouest était de 259,7 milliards de dollars par an dans les années 2000 à égalité avec la Norvège (261,5 milliards de dollars). La part dans le monde était de 0,59% et de 24,6% en Afrique.

La valeur ajoutée totale de l'Afrique de l'Ouest était constituée de: agriculture (26,9%), services (23,3%), industrie (22,7%), commerce (16,4%), transport (7,4%), construction (3,3%).

La valeur ajoutée par habitant en Afrique de l'Ouest était de 979 dollars dans les années 2000, à égalité avec la Mauritanie (974,2 de dollars), le Ghana (1 002,8 de dollars). La valeur ajoutée par habitant en Afrique de l'Ouest était 7,0 fois inférieure la valeur ajoutée par habitant au Monde (6 818,0 US$), et 16,0% inférieure la valeur ajoutée par habitant en Afrique (1 165,9 US$).

La croissance de la valeur ajoutée en Afrique de l'Ouest était de 5.7% dans les années 2000, à égalité avec Bahreïn (5,6%), l'Ouzbékistan (5,7%). La croissance de la valeur ajoutée en Afrique de l'Ouest (5,7%) a été supérieure à celle du monde (2,9%), et supérieure à celle de l'Afrique (4,9%).

Comparaison avec les sous-régions. La valeur ajoutée de l'Afrique de l'Ouest était supérieure à celle de l'Afrique australe (215,3 milliards de dollars), d'Afrique de l'Est (112,9 milliards de dollars) et de l'Afrique centrale (98,3 milliards de dollars); mais inférieure à celle de l'Afrique du Nord (370,7 milliards de dollars). La valeur ajoutée par habitant en Afrique de l'Ouest était supérieure à celle de l'Afrique centrale (886,2 de dollars) et d'Afrique de l'Est (395,5 de dollars); mais inférieure à celle de l'Afrique australe (3 957,4 de dollars) et de l'Afrique du Nord (1 947,7 de dollars). La croissance de la valeur ajoutée en Afrique de l'Ouest était supérieure à celle d'Afrique de l'Est (5,2%), de l'Afrique du Nord (4,6%) et de l'Afrique australe (3,5%); mais inférieure à celle de l'Afrique centrale (6,2%).

Les leaders. La valeur ajoutée de l'Afrique de l'Ouest dans les années 2000 comprenait: Nigeria (68,5%), Ghana (8,3%), Côte d'Ivoire (6,0%), Sénégal (3,9%), Mali (2,2%), autres (11,1%). La valeur ajoutée par habitant en Afrique de l'Ouest parmi les leaders: Nigeria (1 293,0 US$), Ghana (1 002,8 US$), Sénégal (917,1 US$), Côte d'Ivoire (862,0 US$), Mali (448,3 US$). La croissance de la valeur ajoutée en Afrique de l'Ouest parmi les leaders: Mali (8,2%), Nigeria (7,6%), Ghana (5,4%), Sénégal (3,7%), Côte d'Ivoire (1,1%).

Les années 2010

La valeur ajoutée de l'Afrique de l'Ouest était de 629,4 milliards de dollars par an dans les années 2010. La part dans le monde était de

0,85% et de 28,6% en Afrique.

La valeur ajoutée totale de l'Afrique de l'Ouest était constituée de: services (23,7%), agriculture (22,6%), industrie (21,1%), commerce (17,4%), transport (11,1%), construction (4,2%).

La valeur ajoutée par habitant en Afrique de l'Ouest était de 1809.1 dollars dans les années 2010, à égalité avec le Laos (1 822,1 de dollars), le Soudan (1 839,0 de dollars), le Viêt Nam (1 843,5 de dollars). La valeur ajoutée par habitant en Afrique de l'Ouest était 5,6 fois inférieure la valeur ajoutée par habitant au Monde (10 094,6 US$), et 4,1% inférieure la valeur ajoutée par habitant en Afrique (1 886,4 US$).

La croissance de la valeur ajoutée en Afrique de l'Ouest était de 3.2% dans les années 2010, à égalité avec le Chili (3,2%). La croissance de la valeur ajoutée en Afrique de l'Ouest (3,2%) a été supérieure à celle du monde (3,1%), et supérieure à celle de l'Afrique (2,7%).

Comparaison avec les sous-régions. La valeur ajoutée de l'Afrique de l'Ouest était 77,7% supérieure à celle de l'Afrique australe (354,1 milliards de dollars), 2,2 fois supérieure à celle d'Afrique de l'Est (291,4 milliards de dollars) et 2,6 fois supérieure à celle de l'Afrique centrale (237,6 milliards de dollars); mais 9,0% inférieure à celle de l'Afrique du Nord (691,4 milliards de dollars). La valeur ajoutée par habitant en Afrique de l'Ouest était 16,0% supérieure à celle de l'Afrique centrale (1 560,1 de dollars) et 2,4 fois supérieure à celle d'Afrique de l'Est (758,6 de dollars); mais 3,1 fois inférieure à celle de l'Afrique australe (5 665,2 de dollars) et 42,1% inférieure à celle de l'Afrique du Nord (3 122,9 de dollars). La croissance de la valeur ajoutée en Afrique de l'Ouest était supérieure à celle de l'Afrique centrale (2,9%), de l'Afrique australe (1,9%) et de l'Afrique du Nord (1,3%); mais inférieure à celle d'Afrique de l'Est (6,2%).

Les leaders. La valeur ajoutée de l'Afrique de l'Ouest dans les années 2010 comprenait: Nigeria (70,7%), Ghana (8,3%), Côte d'Ivoire (6,4%), Sénégal (2,8%), Mali (2,1%), autres (9,7%). La valeur ajoutée par habitant en Afrique de l'Ouest parmi les leaders: Nigeria (2 482,7 US$), Ghana (1 897,8 US$), Côte d'Ivoire (1 756,0 US$), Sénégal (1 240,1 US$), Mali (758,1 US$). La croissance de la valeur ajoutée en Afrique de l'Ouest parmi les leaders: Mali (8,4%), Ghana (7,1%), Sénégal (4,8%), Nigeria (3,6%), Côte d'Ivoire (-4,3%).

Chapitre III. Revenu national brut

Le RNB de l'Afrique de l'Ouest est passé de 111,9 milliards de dollars par an dans les années 1970 à 617,1 milliards de dollars par an dans les années 2010, c'est-à-dire 505,3 milliards de dollars ou de 5,5 fois. La variation a été de 248,6 milliards de dollars en raison de l'augmentation de 1,7 fois des prix, et de 42,2 milliards de dollars en raison de la croissance de productivité de 1,1 fois, et de 214,5 milliards de dollars en raison de la croissance démographique. La croissance annuelle moyenne du RNB était de 3,3%. La valeur minimale était de 40,5 milliards de dollars en 1970. La valeur maximale était de 742,3 milliards de dollars en 2014.

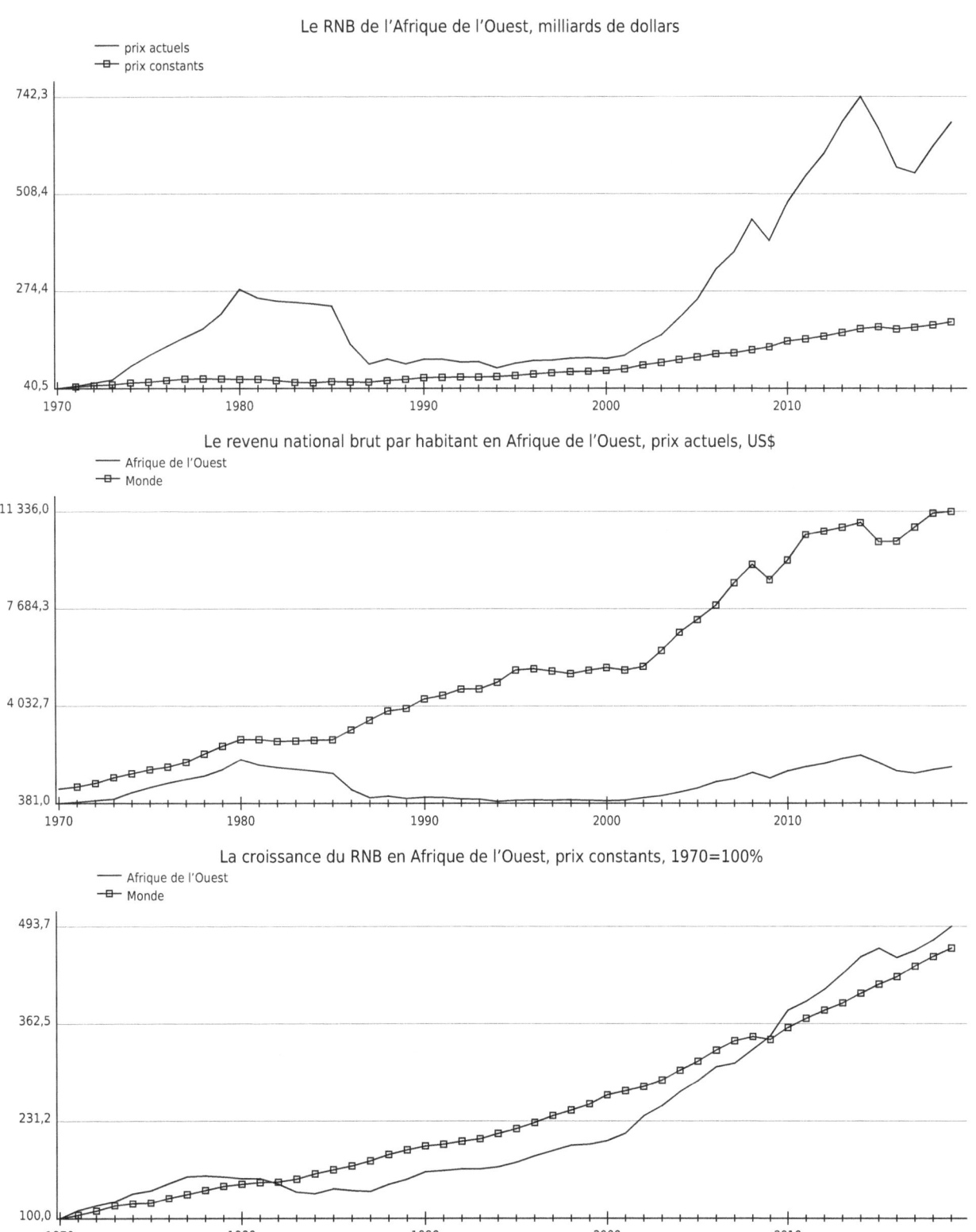

Les années 1970

Le RNB de l'Afrique de l'Ouest était de 111,9 milliards de dollars par an dans les années 1970 à égalité avec l'Océanie (113,8 milliards de dollars), l'Australasie (109,5 milliards de dollars). La part dans le monde était de 1,7% et de 43,1% en Afrique.

Le revenu national brut par habitant en Afrique de l'Ouest était de 938 dollars dans les années 1970, à égalité avec Saint-Christophe-et-Niévès (926,7 de dollars), le Brésil (952,0 de dollars), l'Algérie (919,0 de dollars). Le RNB par habitant en Afrique de l'Ouest était 42,3% inférieur le RNB par habitant au Monde (1 624,3 US$), et 48,3% supérieur le RNB par habitant en Afrique (632,4 US$).

La croissance du revenu national brut en Afrique de l'Ouest était de 5.1% dans les années 1970, à égalité avec le Rwanda (5,1%). La croissance du RNB en Afrique de l'Ouest (5,1%) a été supérieure à celle du monde (4,1%), et supérieure à celle de l'Afrique (4,7%).

Comparaison avec les sous-régions. Le RNB de l'Afrique de l'Ouest était supérieur à celui de l'Afrique du Nord (58,5 milliards de dollars), de l'Afrique australe (34,9 milliards de dollars), d'Afrique de l'Est (33,2 milliards de dollars) et de l'Afrique centrale (21,1 milliards de dollars). Le revenu national brut par habitant en Afrique de l'Ouest était supérieur à celui de l'Afrique du Nord (605,9 de dollars), de l'Afrique centrale (463,7 de dollars) et d'Afrique de l'Est (275,2 de dollars); mais inférieur à celui de l'Afrique australe (1 235,7 de dollars). La croissance du revenu national brut en Afrique de l'Ouest était supérieure à celle de l'Afrique australe (3,1%), d'Afrique de l'Est (2,8%) et de l'Afrique centrale (1,6%); mais inférieure à celle de l'Afrique du Nord (7,0%).

Les leaders. Le RNB de l'Afrique de l'Ouest dans les années 1970 comprenait: Nigeria (82,3%), Ghana (4,4%), Côte d'Ivoire (3,7%), Sénégal (2,0%), Niger (1,2%), autres (6,5%). Le RNB par habitant en Afrique de l'Ouest parmi les leaders: Nigeria (1 460,0 US$), Côte d'Ivoire (647,9 US$), Ghana (507,0 US$), Sénégal (463,1 US$), Niger (253,2 US$). La croissance du RNB en Afrique de l'Ouest parmi les leaders: Côte d'Ivoire (6,5%), Nigeria (5,4%), Sénégal (2,5%), Niger (1,4%), Ghana (0,86%).

Les années 1980

Le revenu national brut de l'Afrique de l'Ouest était de 197,0 milliards de dollars par an dans les années 1980 à égalité avec les Pays-Bas (193,4 milliards de dollars). La part dans le monde était de 1,3% et de 38,0% en Afrique.

Le revenu national brut par habitant en Afrique de l'Ouest était de 1261.1 dollars dans les années 1980, à égalité avec l'Asie (1 233,8 de dollars). Le revenu national brut par habitant en Afrique de l'Ouest était 2,5 fois inférieur le RNB par habitant au Monde (3 117,1 US$), et 31,7% supérieur le revenu national brut par habitant en Afrique (957,8 US$).

La croissance du revenu national brut en Afrique de l'Ouest était de -0.2% dans les années 1980. La croissance du revenu national brut en Afrique de l'Ouest (-0,19%) a été inférieure à celle du monde (3,0%), et inférieure à celle de l'Afrique (1,6%).

Comparaison avec les sous-régions. Le RNB de l'Afrique de l'Ouest était supérieur à celui de l'Afrique du Nord (139,3 milliards de dollars), de l'Afrique australe (83,1 milliards de dollars), d'Afrique de l'Est (62,0 milliards de dollars) et de l'Afrique centrale (37,5 milliards de dollars). Le revenu national brut par habitant en Afrique de l'Ouest était supérieur à celui de l'Afrique du Nord (1 103,8 de dollars), de l'Afrique centrale (621,8 de dollars) et d'Afrique de l'Est (382,0 de dollars); mais inférieur à celui de l'Afrique australe (2 264,2 de dollars). La croissance du RNB en Afrique de l'Ouest était inférieure à celle d'Afrique de l'Est (3,0%), de l'Afrique australe (2,5%), de l'Afrique centrale (2,1%) et de l'Afrique du Nord (2,1%).

Les leaders. Le revenu national brut de l'Afrique de l'Ouest dans les années 1980 comprenait: Nigeria (80,6%), Ghana (4,4%), Côte d'Ivoire (4,1%), Sénégal (2,2%), Niger (1,4%), autres (7,3%). Le revenu national brut par habitant en Afrique de l'Ouest parmi les leaders: Nigeria (1 918,7 US$), Côte d'Ivoire (822,8 US$), Sénégal (684,8 US$), Ghana (678,6 US$), Niger (402,2 US$). La croissance du RNB en Afrique de l'Ouest parmi les leaders: Ghana (1,7%), Sénégal (1,5%), Côte d'Ivoire (-0,18%), Nigeria (-0,79%), Niger (-1,3%).

Les années 1990

Le revenu national brut de l'Afrique de l'Ouest était de 105,8 milliards de dollars par an dans les années 1990 à égalité avec le Portugal (108,2 milliards de dollars). La part dans le monde était de 0,37% et de 18,7% en Afrique.

Le RNB par habitant en Afrique de l'Ouest était de 519.6 dollars dans les années 1990, à égalité avec la Guinée-Bissau (517,3 de dollars), la Corée du Nord (525,8 de dollars), l'Arménie (512,3 de dollars). Le revenu national brut par habitant en Afrique de l'Ouest était 9,6 fois inférieur le RNB par habitant au Monde (4 991,4 US$), et 35,0% inférieur le RNB par habitant en Afrique (799,7 US$).

La croissance du RNB en Afrique de l'Ouest était de 2.7% dans les années 1990, à égalité avec l'Amérique du Sud (2,7%), le Danemark

Chapitre III. Revenu national brut

(2,7%). La croissance du RNB en Afrique de l'Ouest (2,7%) a été inférieure à celle du monde (2,8%), et supérieure à celle de l'Afrique (2,5%).

Comparaison avec les sous-régions. Le revenu national brut de l'Afrique de l'Ouest était supérieur à celui d'Afrique de l'Est (69,8 milliards de dollars) et de l'Afrique centrale (39,6 milliards de dollars); mais inférieur à celui de l'Afrique du Nord (206,0 milliards de dollars) et de l'Afrique australe (145,3 milliards de dollars). Le RNB par habitant en Afrique de l'Ouest était supérieur à celui de l'Afrique centrale (481,8 de dollars) et d'Afrique de l'Est (323,0 de dollars); mais inférieur à celui de l'Afrique australe (3 114,7 de dollars) et de l'Afrique du Nord (1 289,8 de dollars). La croissance du revenu national brut en Afrique de l'Ouest était supérieure à celle de l'Afrique australe (1,7%) et de l'Afrique centrale (-0,91%); mais inférieure à celle de l'Afrique du Nord (3,4%) et d'Afrique de l'Est (2,9%).

Les leaders. Le RNB de l'Afrique de l'Ouest dans les années 1990 comprenait: Nigeria (48,6%), Ghana (13,2%), Côte d'Ivoire (9,9%), Sénégal (6,3%), Guinée (4,3%), autres (17,7%). Le RNB par habitant en Afrique de l'Ouest parmi les leaders: Ghana (830,8 US$), Sénégal (782,4 US$), Côte d'Ivoire (750,0 US$), Guinée (637,3 US$), Nigeria (481,1 US$). La croissance du revenu national brut en Afrique de l'Ouest parmi les leaders: Guinée (4,8%), Ghana (4,2%), Sénégal (4,1%), Côte d'Ivoire (2,9%), Nigeria (2,3%).

Les années 2000

Le RNB de l'Afrique de l'Ouest était de 254,5 milliards de dollars par an dans les années 2000 à égalité avec le Danemark (252,3 milliards de dollars). La part dans le monde était de 0,55% et de 23,7% en Afrique.

Le revenu national brut par habitant en Afrique de l'Ouest était de 959.5 dollars dans les années 2000, à égalité avec le Sénégal (957,8 de dollars), le Lesotho (955,3 de dollars), le Cameroun (980,1 de dollars). Le revenu national brut par habitant en Afrique de l'Ouest était 7,5 fois inférieur le revenu national brut par habitant au Monde (7 165,2 US$), et 19,0% inférieur le RNB par habitant en Afrique (1 185,1 US$).

La croissance du revenu national brut en Afrique de l'Ouest était de 5.6% dans les années 2000, à égalité avec la Mongolie (5,6%), la Lettonie (5,6%), le Cap-Vert (5,7%). La croissance du RNB en Afrique de l'Ouest (5,6%) a été supérieure à celle du monde (3,0%), et supérieure à celle de l'Afrique (5,1%).

Comparaison avec les sous-régions. Le RNB de l'Afrique de l'Ouest était supérieur à celui de l'Afrique australe (231,8 milliards de dollars), d'Afrique de l'Est (120,4 milliards de dollars) et de l'Afrique centrale (87,8 milliards de dollars); mais inférieur à celui de l'Afrique du Nord (379,9 milliards de dollars). Le RNB par habitant en Afrique de l'Ouest était supérieur à celui de l'Afrique centrale (791,4 de dollars) et d'Afrique de l'Est (421,7 de dollars); mais inférieur à celui de l'Afrique australe (4 260,3 de dollars) et de l'Afrique du Nord (1 995,7 de dollars). La croissance du revenu national brut en Afrique de l'Ouest était supérieure à celle de l'Afrique du Nord (4,9%) et de l'Afrique australe (3,8%); mais inférieure à celle de l'Afrique centrale (6,6%) et d'Afrique de l'Est (5,8%).

Les leaders. Le RNB de l'Afrique de l'Ouest dans les années 2000 comprenait: Nigeria (66,4%), Ghana (8,7%), Côte d'Ivoire (6,4%), Sénégal (4,1%), Mali (2,3%), autres (12,0%). Le RNB par habitant en Afrique de l'Ouest parmi les leaders: Nigeria (1 229,8 US$), Ghana (1 025,3 US$), Sénégal (957,8 US$), Côte d'Ivoire (893,3 US$), Mali (472,3 US$). La croissance du RNB en Afrique de l'Ouest parmi les leaders: Mali (8,4%), Nigeria (7,5%), Ghana (5,4%), Sénégal (3,4%), Côte d'Ivoire (1,1%).

Les années 2010

Le revenu national brut de l'Afrique de l'Ouest était de 617,1 milliards de dollars par an dans les années 2010. La part dans le monde était de 0,79% et de 27,6% en Afrique.

Le revenu national brut par habitant en Afrique de l'Ouest était de 1773.8 dollars dans les années 2010, à égalité avec le Soudan (1 745,6 de dollars), l'Asie du Sud (1 802,0 de dollars). Le revenu national brut par habitant en Afrique de l'Ouest était 6,0 fois inférieur le RNB par habitant au Monde (10 611,7 US$), et 7,3% inférieur le RNB par habitant en Afrique (1 913,3 US$).

La croissance du revenu national brut en Afrique de l'Ouest était de 3.6% dans les années 2010, à égalité avec la Micronésie (3,6%), le Chili (3,6%), le Guatemala (3,6%). La croissance du RNB en Afrique de l'Ouest (3,6%) a été supérieure à celle du monde (3,1%), et supérieure à celle de l'Afrique (2,9%).

Comparaison avec les sous-régions. Le RNB de l'Afrique de l'Ouest était 61,3% supérieur à celui de l'Afrique australe (382,7 milliards de dollars), 98,6% supérieur à celui d'Afrique de l'Est (310,7 milliards de dollars) et 2,7 fois supérieur à celui de l'Afrique centrale (225,9 milliards de dollars); mais 11,7% inférieur à celui de l'Afrique du Nord (698,9 milliards de dollars). Le revenu national brut par habitant en Afrique de l'Ouest était 19,6% supérieur à celui de l'Afrique centrale (1 483,3 de dollars) et 2,2 fois supérieur à celui d'Afrique de l'Est (808,7 de dollars); mais 3,5 fois inférieur à celui de l'Afrique australe (6 123,0 de dollars) et 43,8% inférieur à celui de l'Afrique du Nord (3 156,9 de dollars). La croissance du RNB en Afrique de l'Ouest était supérieure à celle de l'Afrique centrale (3,5%), de l'Afrique australe (1,8%) et de l'Afrique du Nord (1,6%); mais inférieure à celle d'Afrique de l'Est (5,9%).

Les leaders. Le revenu national brut de l'Afrique de l'Ouest dans les années 2010 comprenait: Nigeria (68,4%), Ghana (8,9%), Côte d'Ivoire (6,8%), Sénégal (3,1%), Mali (2,2%), autres (10,6%). Le RNB par habitant en Afrique de l'Ouest parmi les leaders: Nigeria (2 357,5 US$), Ghana (1 991,2 US$), Côte d'Ivoire (1 827,1 US$), Sénégal (1 317,9 US$), Mali (790,7 US$). La croissance du revenu national brut en Afrique de l'Ouest parmi les leaders: Mali (8,1%), Ghana (6,6%), Sénégal (5,2%), Nigeria (3,7%), Côte d'Ivoire (-2,0%).

Partie II. Structure

	Les années 2010
agriculture	22,6%
industrie	21,1%
construction	4,2%
commerce	17,4%
transport	11,1%
services	23,7%

Chapitre IV. Agriculture

Agriculture, chasse, sylviculture et pêche (ISIC A-B)

Le secteur de l'agriculture en Afrique de l'Ouest est passé de 20,2 milliards de dollars par an dans les années 1970 à 142,1 milliards de dollars par an dans les années 2010, c'est-à-dire 121,9 milliards de dollars ou de 7,0 fois. La variation a été de 53,4 milliards de dollars en raison de l'augmentation de 1,6 fois des prix, et de 29,8 milliards de dollars en raison de la croissance de productivité de 1,5 fois, et de 38,7 milliards de dollars en raison de la croissance démographique. La croissance annuelle moyenne de l'agriculture était de 3,6%. La valeur minimale était de 9,5 milliards de dollars en 1970. La valeur maximale était de 160,2 milliards de dollars en 2019.

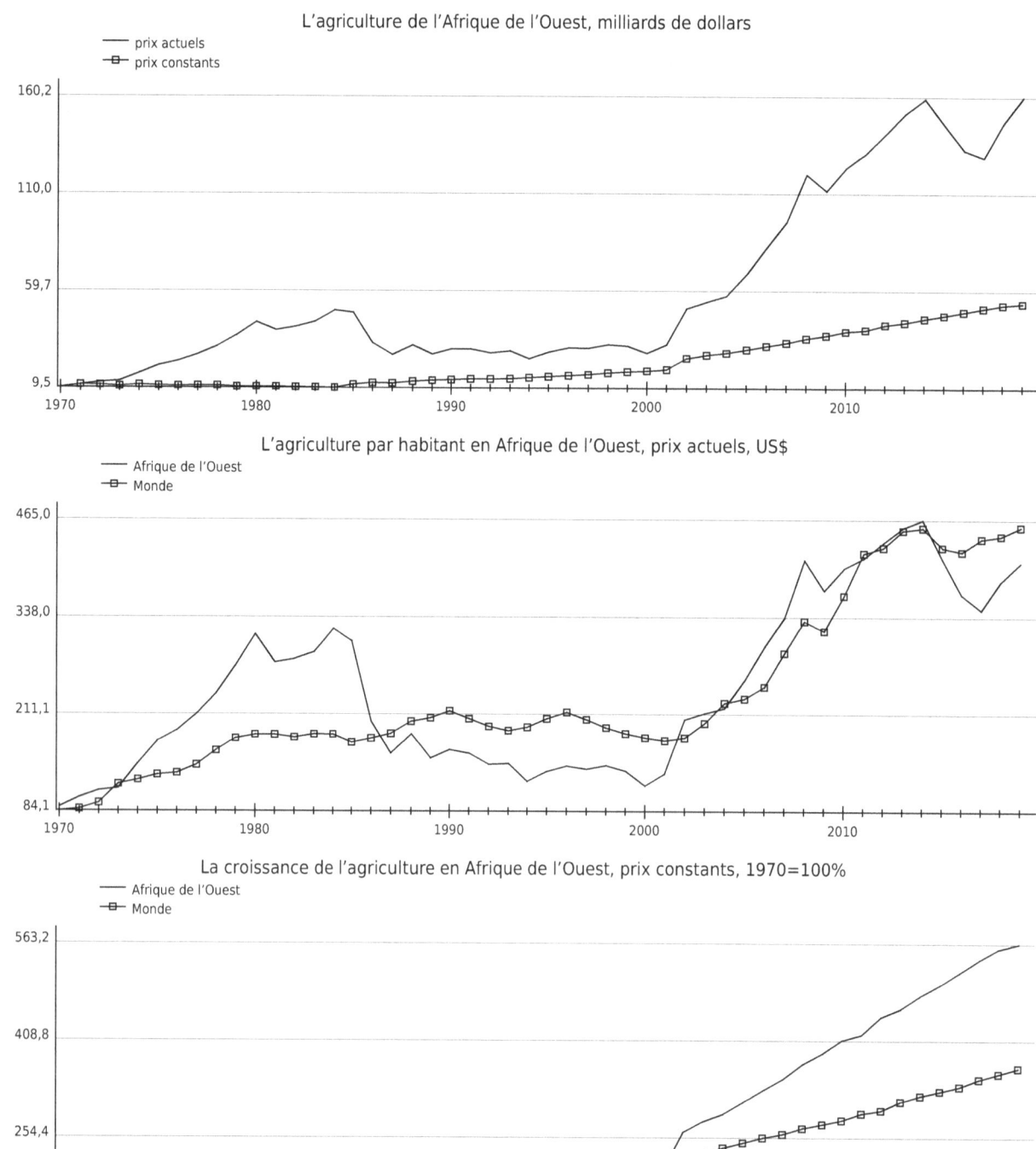

Chapitre IV. Agriculture

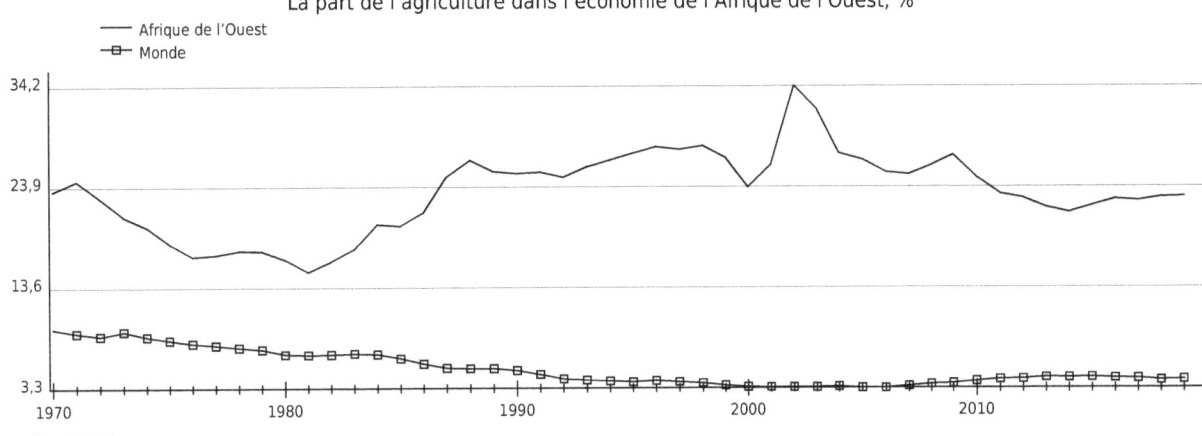
La part de l'agriculture dans l'économie de l'Afrique de l'Ouest, %

Les années 1970

L'agriculture de l'Afrique de l'Ouest était de 20,2 milliards de dollars par an dans les années 1970. La part dans le monde était de 3,9% et de 43,8% en Afrique.

La part de l'agriculture dans l'économie de l'Afrique de l'Ouest était de 18,5% dans les années 1970.

L'agriculture par habitant en Afrique de l'Ouest était de 169.1 dollars dans les années 1970, à égalité avec la Corée du Sud (170,0 de dollars), les Tonga (167,9 de dollars), la Mélanésie (167,3 de dollars). L'agriculture par habitant en Afrique de l'Ouest était 32,5% supérieure l'agriculture par habitant au Monde (127,6 US$), et 50,7% supérieure l'agriculture par habitant en Afrique (112,2 US$).

La croissance de l'agriculture en Afrique de l'Ouest était de 0.7% dans les années 1970. La croissance de l'agriculture en Afrique de l'Ouest (0,69%) a été inférieure à celle du monde (2,2%), et inférieure à celle de l'Afrique (1,7%).

Comparaison avec les sous-régions. La valeur ajoutée de l'agriculture en Afrique de l'Ouest était supérieure à celle d'Afrique de l'Est (10,4 milliards de dollars), de l'Afrique du Nord (8,7 milliards de dollars), de l'Afrique centrale (4,2 milliards de dollars) et de l'Afrique australe (2,6 milliards de dollars). L'agriculture par habitant en Afrique de l'Ouest était supérieure à celle de l'Afrique centrale (92,1 de dollars), de l'Afrique australe (90,9 de dollars), de l'Afrique du Nord (90,2 de dollars) et d'Afrique de l'Est (86,3 de dollars). La croissance de l'agriculture en Afrique de l'Ouest était inférieure à celle de l'Afrique australe (3,9%), de l'Afrique du Nord (2,2%), d'Afrique de l'Est (2,0%) et de l'Afrique centrale (1,6%).

Les leaders. La valeur de l'agriculture en Afrique de l'Ouest dans les années 1970 comprenait: Nigeria (67,4%), Ghana (9,9%), Côte d'Ivoire (5,6%), Mali (2,8%), Niger (2,8%), autres (11,5%). La part de l'agriculture dans l'économie des leaders: Mali (72,2%), Niger (43,3%), Ghana (38,4%), Côte d'Ivoire (27,9%), Nigeria (15,3%). L'agriculture par habitant en Afrique de l'Ouest parmi les leaders: Nigeria (215,8 US$), Ghana (203,7 US$), Côte d'Ivoire (177,6 US$), Niger (109,1 US$), Mali (88,4 US$). La croissance de l'agriculture en Afrique de l'Ouest parmi les leaders: Côte d'Ivoire (4,4%), Mali (4,0%), Ghana (1,1%), Nigeria (-0,069%), Niger (-3,9%).

Les années 1980

Le secteur de l'agriculture en Afrique de l'Ouest était de 38,3 milliards de dollars par an dans les années 1980. La part dans le monde était de 4,2% et de 44,4% en Afrique.

La part de l'agriculture dans l'économie de l'Afrique de l'Ouest était de 19,2% dans les années 1980, à égalité avec l'Asie du Sud-Est (19,2%), l'Équateur (19,2%).

L'agriculture par habitant en Afrique de l'Ouest était de 245.3 dollars dans les années 1980, à égalité avec l'Asie de l'Ouest (243,6 de dollars), la Guinée-Bissau (248,7 de dollars), la Barbade (248,7 de dollars). L'agriculture par habitant en Afrique de l'Ouest était 31,5% supérieure l'agriculture par habitant au Monde (186,6 US$), et 54,1% supérieure l'agriculture par habitant en Afrique (159,2 US$).

La croissance de l'agriculture en Afrique de l'Ouest était de 2.9% dans les années 1980, à égalité avec Micronésie (2,9%), les Bahamas (2,9%). La croissance de l'agriculture en Afrique de l'Ouest (2,9%) a été inférieure à celle du monde (3,1%), et supérieure à celle de l'Afrique (2,8%).

Comparaison avec les sous-régions. L'agriculture de l'Afrique de l'Ouest était supérieure à celle d'Afrique de l'Est (18,6 milliards de dollars), de l'Afrique du Nord (17,4 milliards de dollars), de l'Afrique centrale (7,3 milliards de dollars) et de l'Afrique australe (4,6 milliards de dollars). L'agriculture par habitant en Afrique de l'Ouest était supérieure à celle de l'Afrique du Nord (137,8 de dollars), de l'Afrique australe (124,5 de dollars), de l'Afrique centrale (121,7 de dollars) et d'Afrique de l'Est (114,5 de dollars). La croissance de l'agriculture en Afrique de l'Ouest était supérieure à celle d'Afrique de l'Est (2,6%) et de l'Afrique centrale (2,0%); mais inférieure à celle de l'Afrique australe (3,1%) et de l'Afrique du Nord (3,1%).

Les leaders. La valeur ajoutée de l'agriculture en Afrique de l'Ouest dans les années 1980 comprenait: Nigeria (67,9%), Ghana (9,0%), Côte d'Ivoire (6,5%), Niger (2,4%), Sénégal (2,2%), autres (12,0%). La part de l'agriculture dans l'économie des leaders: Ghana (39,9%), Niger (33,7%), Côte d'Ivoire (29,7%), Sénégal (18,7%), Nigeria (16,2%). L'agriculture par habitant en Afrique de l'Ouest parmi les leaders: Nigeria (314,5 US$), Ghana (271,9 US$), Côte d'Ivoire (256,0 US$), Niger (137,0 US$), Sénégal (129,1 US$). La croissance de l'agriculture en Afrique de l'Ouest parmi les leaders: Côte d'Ivoire (5,1%), Nigeria (3,1%), Niger (1,6%), Ghana (0,76%), Sénégal (-0,12%).

Les années 1990

La valeur de l'agriculture en Afrique de l'Ouest était de 29,2 milliards de dollars par an dans les années 1990 à égalité avec l'Afrique du Nord (29,4 milliards de dollars). La part dans le monde était de 2,6% et de 30,6% en Afrique.

La part de l'agriculture dans l'économie de l'Afrique de l'Ouest était de 26,6% dans les années 1990, à égalité avec d'Haïti (26,6%), le Tadjikistan (26,6%), l'Azerbaïdjan (26,7%).

L'agriculture par habitant en Afrique de l'Ouest était de 143.3 dollars dans les années 1990, à égalité avec la République centrafricaine (143,6 de dollars), le Qatar (142,2 de dollars), la Palestine (144,4 de dollars). L'agriculture par habitant en Afrique de l'Ouest était 28,3% inférieure l'agriculture par habitant au Monde (199,8 US$), et 6,5% supérieure l'agriculture par habitant en Afrique (134,5 US$).

La croissance de l'agriculture en Afrique de l'Ouest était de 3% dans les années 1990, à égalité avec le Guatemala (3,0%), les Maldives (3,0%), la Guinée-Bissau (3,0%). La croissance de l'agriculture en Afrique de l'Ouest (3,0%) a été supérieure à celle du monde (2,2%), et supérieure à celle de l'Afrique (2,8%).

Comparaison avec les sous-régions. La valeur ajoutée de l'agriculture en Afrique de l'Ouest était supérieure à celle d'Afrique de l'Est (20,6 milliards de dollars), de l'Afrique centrale (10,3 milliards de dollars) et de l'Afrique australe (5,8 milliards de dollars); mais inférieure à celle de l'Afrique du Nord (29,4 milliards de dollars). L'agriculture par habitant en Afrique de l'Ouest était supérieure à celle de l'Afrique centrale (125,3 de dollars), de l'Afrique australe (124,6 de dollars) et d'Afrique de l'Est (95,3 de dollars); mais inférieure à celle de l'Afrique du Nord (184,3 de dollars). La croissance de l'agriculture en Afrique de l'Ouest était supérieure à celle d'Afrique de l'Est (2,8%), de l'Afrique centrale (0,43%) et de l'Afrique australe (-0,15%); mais inférieure à celle de l'Afrique du Nord (3,8%).

Les leaders. Le secteur de l'agriculture en Afrique de l'Ouest dans les années 1990 comprenait: Nigeria (46,7%), Ghana (14,5%), Côte d'Ivoire (10,3%), Sénégal (4,0%), Mali (4,0%), autres (20,6%). La part de l'agriculture dans l'économie des leaders: Mali (41,0%), Ghana (30,6%), Côte d'Ivoire (27,2%), Nigeria (24,7%), Sénégal (17,7%). L'agriculture par habitant en Afrique de l'Ouest parmi les leaders: Ghana (251,3 US$), Côte d'Ivoire (214,7 US$), Sénégal (135,9 US$), Nigeria (127,4 US$), Mali (122,6 US$). La croissance de l'agriculture en Afrique de l'Ouest parmi les leaders: Mali (7,6%), Nigeria (3,5%), Sénégal (3,0%), Ghana (2,9%), Côte d'Ivoire (2,1%).

Les années 2000

L'agriculture de l'Afrique de l'Ouest était de 69,8 milliards de dollars par an dans les années 2000 à égalité avec l'Est (71,1 milliards de dollars). La part dans le monde était de 4,5% et de 42,3% en Afrique.

La part de l'agriculture dans l'économie de l'Afrique de l'Ouest était de 26,9% dans les années 2000, à égalité avec le Burkina Faso (26,9%), la Tanzanie (26,8%), le Nigeria (26,8%).

L'agriculture par habitant en Afrique de l'Ouest était de 263.3 dollars dans les années 2000, à égalité avec le Paraguay (263,9 de dollars), la Bulgarie (264,4 de dollars), l'Asie centrale (262,0 de dollars). L'agriculture par habitant en Afrique de l'Ouest était 9,6% supérieure l'agriculture par habitant au Monde (240,3 US$), et 44,7% supérieure l'agriculture par habitant en Afrique (182,0 US$).

La croissance de l'agriculture en Afrique de l'Ouest était de 7.4% dans les années 2000, à égalité avec le Kosovo (7,4%). La croissance de l'agriculture en Afrique de l'Ouest (7,4%) a été supérieure à celle du monde (3,0%), et supérieure à celle de l'Afrique (5,1%).

Comparaison avec les sous-régions. La valeur de l'agriculture en Afrique de l'Ouest était supérieure à celle de l'Afrique du Nord (47,0 milliards de dollars), d'Afrique de l'Est (30,1 milliards de dollars), de l'Afrique centrale (10,8 milliards de dollars) et de l'Afrique

Chapitre IV. Agriculture

australe (7,2 milliards de dollars). L'agriculture par habitant en Afrique de l'Ouest était supérieure à celle de l'Afrique du Nord (247,1 de dollars), de l'Afrique australe (132,3 de dollars), d'Afrique de l'Est (105,3 de dollars) et de l'Afrique centrale (97,8 de dollars). La croissance de l'agriculture en Afrique de l'Ouest était supérieure à celle de l'Afrique du Nord (4,4%), de l'Afrique centrale (3,5%), d'Afrique de l'Est (3,3%) et de l'Afrique australe (2,3%).

Les leaders. La valeur de l'agriculture en Afrique de l'Ouest dans les années 2000 comprenait: Nigeria (68,2%), Ghana (8,9%), Côte d'Ivoire (5,7%), Mali (2,7%), Niger (2,4%), autres (12,0%). La part de l'agriculture dans l'économie des leaders: Niger (40,2%), Mali (33,6%), Ghana (28,8%), Nigeria (26,8%), Côte d'Ivoire (25,6%). L'agriculture par habitant en Afrique de l'Ouest parmi les leaders: Nigeria (346,4 US$), Ghana (288,6 US$), Côte d'Ivoire (220,4 US$), Mali (150,5 US$), Niger (125,3 US$). La croissance de l'agriculture en Afrique de l'Ouest parmi les leaders: Nigeria (10,1%), Mali (7,5%), Ghana (4,5%), Niger (3,9%), Côte d'Ivoire (0,63%).

Les années 2010

L'agriculture de l'Afrique de l'Ouest était de 142,1 milliards de dollars par an dans les années 2010. La part dans le monde était de 4,5% et de 41,3% en Afrique.

La part de l'agriculture dans l'économie de l'Afrique de l'Ouest était de 22,6% dans les années 2010.

L'agriculture par habitant en Afrique de l'Ouest était de 408.3 dollars dans les années 2010, à égalité avec le Bhoutan (414,6 de dollars), le Kenya (415,4 de dollars), la Russie (416,5 de dollars). L'agriculture par habitant en Afrique de l'Ouest était 5,5% inférieure l'agriculture par habitant au Monde (432,1 US$), et 38,8% supérieure l'agriculture par habitant en Afrique (294,3 US$).

La croissance de l'agriculture en Afrique de l'Ouest était de 3.8% dans les années 2010, à égalité avec la république du Congo (3,8%), le Bangladesh (3,8%), l'Asie du Sud (3,8%). La croissance de l'agriculture en Afrique de l'Ouest (3,8%) a été supérieure à celle du monde (2,9%), et supérieure à celle de l'Afrique (3,7%).

Comparaison avec les sous-régions. La valeur ajoutée de l'agriculture en Afrique de l'Ouest était 60,7% supérieure à celle de l'Afrique du Nord (88,4 milliards de dollars), 84,1% supérieure à celle d'Afrique de l'Est (77,2 milliards de dollars), 5,3 fois supérieure à celle de l'Afrique centrale (26,6 milliards de dollars) et 14,8 fois supérieure à celle de l'Afrique australe (9,6 milliards de dollars). L'agriculture par habitant en Afrique de l'Ouest était 2,3% supérieure à celle de l'Afrique du Nord (399,3 de dollars), 2,0 fois supérieure à celle d'Afrique de l'Est (200,8 de dollars), 2,3 fois supérieure à celle de l'Afrique centrale (174,5 de dollars) et 2,7 fois supérieure à celle de l'Afrique australe (153,9 de dollars). La croissance de l'agriculture en Afrique de l'Ouest était supérieure à celle de l'Afrique du Nord (3,3%) et de l'Afrique australe (0,28%); mais inférieure à celle de l'Afrique centrale (4,6%) et d'Afrique de l'Est (4,2%).

Les leaders. L'agriculture de l'Afrique de l'Ouest dans les années 2010 comprenait: Nigeria (67,4%), Ghana (8,1%), Côte d'Ivoire (6,1%), Mali (3,6%), Niger (2,6%), autres (12,2%). La part de l'agriculture dans l'économie des leaders: Mali (39,1%), Niger (37,4%), Ghana (22,0%), Nigeria (21,5%), Côte d'Ivoire (21,4%). L'agriculture par habitant en Afrique de l'Ouest parmi les leaders: Nigeria (534,6 US$), Ghana (417,0 US$), Côte d'Ivoire (374,9 US$), Mali (296,2 US$), Niger (185,9 US$). La croissance de l'agriculture en Afrique de l'Ouest parmi les leaders: Mali (9,7%), Niger (7,1%), Nigeria (3,6%), Ghana (3,6%), Côte d'Ivoire (0,32%).

Chapitre V. Industrie

Exploitation minière, fabrication, services publics (ISIC C-E)

La valeur ajoutée de l'industrie en Afrique de l'Ouest est passé de 29,9 milliards de dollars par an dans les années 1970 à 132,7 milliards de dollars par an dans les années 2010, c'est-à-dire 102,8 milliards de dollars ou de 4,4 fois. La variation a été de 78,6 milliards de dollars en raison de l'augmentation de 2,5 fois des prix, et de -33,0 milliards de dollars en raison de la baisse de productivité de 1,6 fois, et de 57,2 milliards de dollars en raison de la croissance démographique. La croissance annuelle moyenne de l'industrie était de 2,3%. La valeur minimale était de 9,0 milliards de dollars en 1970. La valeur maximale était de 161,1 milliards de dollars en 2014.

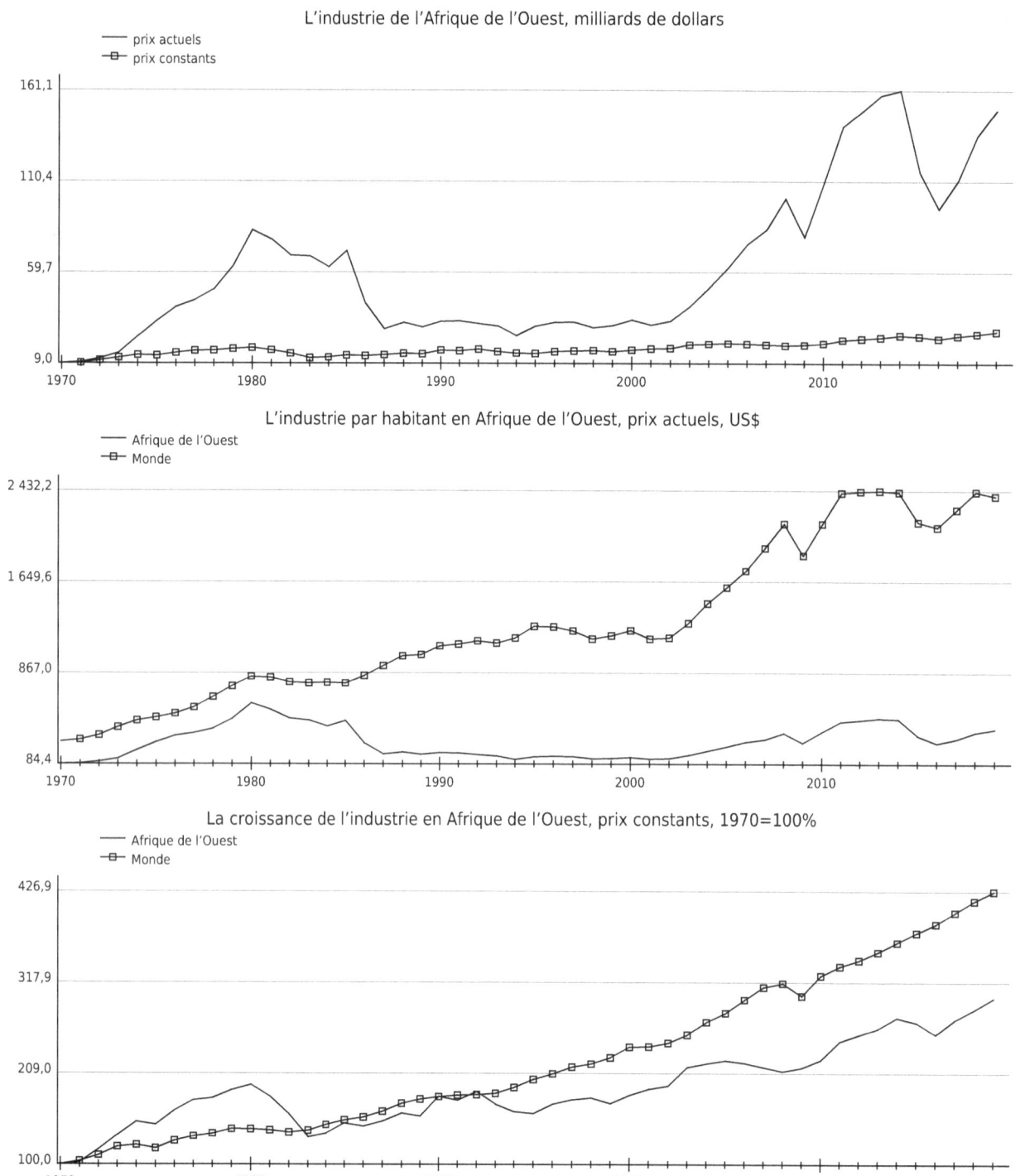

Chapitre V. Industrie

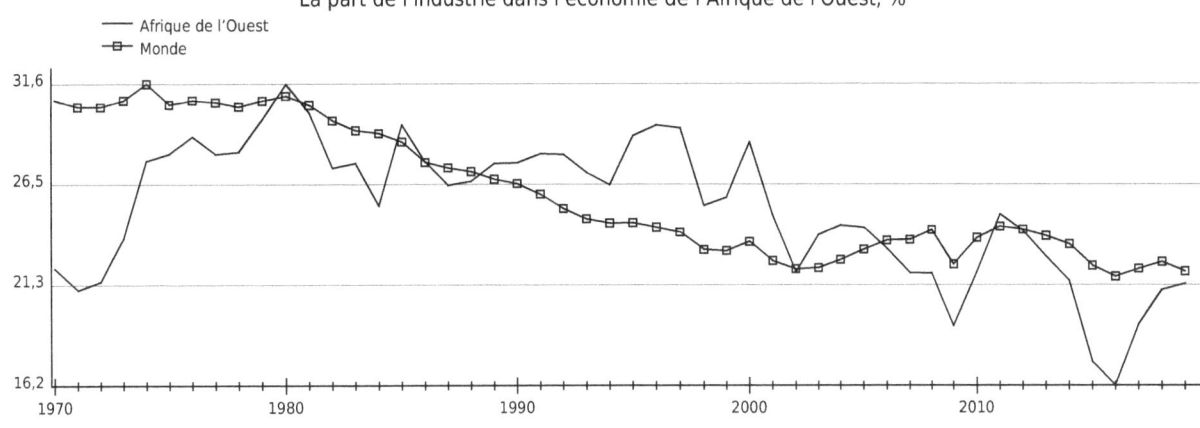

La part de l'industrie dans l'économie de l'Afrique de l'Ouest, %

Les années 1970

La valeur de l'industrie en Afrique de l'Ouest était de 29,9 milliards de dollars par an dans les années 1970 à égalité avec l'Espagne (29,8 milliards de dollars), l'Océanie (30,2 milliards de dollars), l'Australasie (29,4 milliards de dollars). La part dans le monde était de 1,5% et de 40,1% en Afrique.

La part de l'industrie dans l'économie de l'Afrique de l'Ouest était de 27,4% dans les années 1970, à égalité avec les Amériques (27,4%), le Sri Lanka (27,3%), l'Asie du Sud-Est (27,2%).

L'industrie par habitant en Afrique de l'Ouest était de 250.3 dollars dans les années 1970, à égalité avec les Îles Turks-et-Caïcos (249,9 de dollars). L'industrie par habitant en Afrique de l'Ouest était 47,9% inférieure l'industrie par habitant au Monde (480,5 US$), et 38,1% supérieure l'industrie par habitant en Afrique (181,2 US$).

La croissance de l'industrie en Afrique de l'Ouest était de 7.3% dans les années 1970, à égalité avec les Maldives (7,2%), la Grèce (7,3%), la Libye (7,3%). La croissance de l'industrie en Afrique de l'Ouest (7,3%) a été supérieure à celle du monde (4,0%), et supérieure à celle de l'Afrique (5,5%).

Comparaison avec les sous-régions. La valeur ajoutée de l'industrie en Afrique de l'Ouest était supérieure à celle de l'Afrique du Nord (19,9 milliards de dollars), de l'Afrique australe (12,2 milliards de dollars), d'Afrique de l'Est (6,8 milliards de dollars) et de l'Afrique centrale (5,6 milliards de dollars). L'industrie par habitant en Afrique de l'Ouest était supérieure à celle de l'Afrique du Nord (205,8 de dollars), de l'Afrique centrale (122,8 de dollars) et d'Afrique de l'Est (56,5 de dollars); mais inférieure à celle de l'Afrique australe (434,0 de dollars). La croissance de l'industrie en Afrique de l'Ouest était supérieure à celle de l'Afrique du Nord (6,9%), d'Afrique de l'Est (3,9%), de l'Afrique australe (1,5%) et de l'Afrique centrale (1,4%).

Les leaders. L'industrie de l'Afrique de l'Ouest dans les années 1970 comprenait: Nigeria (86,0%), Ghana (4,7%), Côte d'Ivoire (1,9%), Sénégal (1,5%), Guinée (1,0%), autres (4,8%). La part de l'industrie dans l'économie des leaders: Nigeria (28,9%), Ghana (27,1%), Guinée (23,3%), Sénégal (21,8%), Côte d'Ivoire (14,1%). L'industrie par habitant en Afrique de l'Ouest parmi les leaders: Nigeria (407,3 US$), Ghana (144,1 US$), Sénégal (93,8 US$), Côte d'Ivoire (90,0 US$), Guinée (68,7 US$). La croissance de l'industrie en Afrique de l'Ouest parmi les leaders: Nigeria (8,7%), Côte d'Ivoire (8,1%), Sénégal (3,7%), Guinée (3,0%), Ghana (-2,1%).

Les années 1980

La valeur ajoutée de l'industrie en Afrique de l'Ouest était de 56,4 milliards de dollars par an dans les années 1980. La part dans le monde était de 1,4% et de 36,1% en Afrique.

La part de l'industrie dans l'économie de l'Afrique de l'Ouest était de 28,2% dans les années 1980, à égalité avec la Finlande (28,2%), la Mongolie (28,3%), le Guyana (28,4%).

L'industrie par habitant en Afrique de l'Ouest était de 361 dollars dans les années 1980, à égalité avec la Jordanie (356,9 de dollars), l'Afrique du Nord (369,4 de dollars). L'industrie par habitant en Afrique de l'Ouest était 2,4 fois inférieure l'industrie par habitant au Monde (861,8 US$), et 25,1% supérieure l'industrie par habitant en Afrique (288,5 US$).

La croissance de l'industrie en Afrique de l'Ouest était de -1.8% dans les années 1980, à égalité avec l'Iran (-1,8%). La croissance de l'industrie en Afrique de l'Ouest (-1,8%) a été inférieure à celle du monde (2,3%), et inférieure à celle de l'Afrique (-0,99%).

Comparaison avec les sous-régions. La valeur ajoutée de l'industrie en Afrique de l'Ouest était supérieure à celle de l'Afrique du Nord (46,6 milliards de dollars), de l'Afrique australe (31,2 milliards de dollars), d'Afrique de l'Est (11,1 milliards de dollars) et de l'Afrique centrale (11,0 milliards de dollars). L'industrie par habitant en Afrique de l'Ouest était supérieure à celle de l'Afrique centrale (183,0 de dollars) et d'Afrique de l'Est (68,3 de dollars); mais inférieure à celle de l'Afrique australe (849,4 de dollars) et de l'Afrique du Nord (369,4 de dollars). La croissance de l'industrie en Afrique de l'Ouest était supérieure à celle de l'Afrique du Nord (-2,3%); mais inférieure à celle de l'Afrique centrale (2,7%), d'Afrique de l'Est (2,4%) et de l'Afrique australe (1,5%).

Les leaders. Le secteur de l'industrie en Afrique de l'Ouest dans les années 1980 comprenait: Nigeria (86,0%), Ghana (3,6%), Côte d'Ivoire (2,6%), Sénégal (1,9%), Guinée (1,2%), autres (4,6%). La part de l'industrie dans l'économie des leaders: Nigeria (30,2%), Sénégal (24,5%), Ghana (23,4%), Guinée (23,2%), Côte d'Ivoire (17,6%). L'industrie par habitant en Afrique de l'Ouest parmi les leaders: Nigeria (585,9 US$), Sénégal (169,0 US$), Ghana (159,6 US$), Côte d'Ivoire (151,3 US$), Guinée (127,6 US$). La croissance de l'industrie en Afrique de l'Ouest parmi les leaders: Sénégal (3,9%), Guinée (2,7%), Ghana (0,42%), Côte d'Ivoire (-1,8%), Nigeria (-2,4%).

Les années 1990

L'industrie de l'Afrique de l'Ouest était de 30,3 milliards de dollars par an dans les années 1990. La part dans le monde était de 0,45% et de 19,2% en Afrique.

La part de l'industrie dans l'économie de l'Afrique de l'Ouest était de 27,6% dans les années 1990, à égalité avec la Moldavie (27,5%), le Japon (27,5%), la République dominicaine (27,8%).

L'industrie par habitant en Afrique de l'Ouest était de 148.8 dollars dans les années 1990, à égalité avec la Guinée (146,2 de dollars), l'Azerbaïdjan (145,9 de dollars), le Sri Lanka (152,1 de dollars). L'industrie par habitant en Afrique de l'Ouest était 7,9 fois inférieure l'industrie par habitant au Monde (1 175,6 US$), et 33,2% inférieure l'industrie par habitant en Afrique (222,8 US$).

La croissance de l'industrie en Afrique de l'Ouest était de 0.9% dans les années 1990. La croissance de l'industrie en Afrique de l'Ouest (0,92%) a été inférieure à celle du monde (2,5%), et inférieure à celle de l'Afrique (1,3%).

Comparaison avec les sous-régions. La valeur ajoutée de l'industrie en Afrique de l'Ouest était supérieure à celle de l'Afrique centrale (14,4 milliards de dollars) et d'Afrique de l'Est (11,5 milliards de dollars); mais inférieure à celle de l'Afrique du Nord (59,5 milliards de dollars) et de l'Afrique australe (42,1 milliards de dollars). L'industrie par habitant en Afrique de l'Ouest était supérieure à celle d'Afrique de l'Est (53,3 de dollars); mais inférieure à celle de l'Afrique australe (903,4 de dollars), de l'Afrique du Nord (372,5 de dollars) et de l'Afrique centrale (174,5 de dollars). La croissance de l'industrie en Afrique de l'Ouest était supérieure à celle de l'Afrique australe (0,44%) et de l'Afrique centrale (-1,2%); mais inférieure à celle d'Afrique de l'Est (2,4%) et de l'Afrique du Nord (2,2%).

Les leaders. La valeur de l'industrie en Afrique de l'Ouest dans les années 1990 comprenait: Nigeria (58,8%), Ghana (13,7%), Côte d'Ivoire (8,1%), Sénégal (5,6%), Guinée (3,5%), autres (10,4%). La part de l'industrie dans l'économie des leaders: Nigeria (32,3%), Ghana (30,0%), Sénégal (25,9%), Côte d'Ivoire (22,2%), Guinée (21,2%). L'industrie par habitant en Afrique de l'Ouest parmi les leaders: Ghana (246,6 US$), Sénégal (198,4 US$), Côte d'Ivoire (175,1 US$), Nigeria (166,7 US$), Guinée (146,2 US$). La croissance de l'industrie en Afrique de l'Ouest parmi les leaders: Côte d'Ivoire (4,7%), Guinée (4,2%), Sénégal (2,3%), Nigeria (0,59%), Ghana (-0,71%).

Les années 2000

L'industrie de l'Afrique de l'Ouest était de 58,9 milliards de dollars par an dans les années 2000 à égalité avec l'Afrique australe (59,8 milliards de dollars). La part dans le monde était de 0,58% et de 18,4% en Afrique.

La part de l'industrie dans l'économie de l'Afrique de l'Ouest était de 22,7% dans les années 2000, à égalité avec le Salvador (22,7%), le Nigeria (22,8%), la Côte d'Ivoire (22,8%).

L'industrie par habitant en Afrique de l'Ouest était de 221.9 dollars dans les années 2000, à égalité avec le Sénégal (219,1 de dollars), l'Albanie (226,7 de dollars). L'industrie par habitant en Afrique de l'Ouest était 7,1 fois inférieure l'industrie par habitant au Monde (1 573,8 US$), et 37,0% inférieure l'industrie par habitant en Afrique (352,5 US$).

La croissance de l'industrie en Afrique de l'Ouest était de 2.2% dans les années 2000, à égalité avec Sainte-Lucie (2,2%). La croissance de l'industrie en Afrique de l'Ouest (2,2%) a été inférieure à celle du monde (2,9%), et inférieure à celle de l'Afrique (3,1%).

Chapitre V. Industrie

Comparaison avec les sous-régions. L'industrie de l'Afrique de l'Ouest était supérieure à celle de l'Afrique centrale (43,3 milliards de dollars) et d'Afrique de l'Est (18,6 milliards de dollars); mais inférieure à celle de l'Afrique du Nord (139,0 milliards de dollars) et de l'Afrique australe (59,8 milliards de dollars). L'industrie par habitant en Afrique de l'Ouest était supérieure à celle d'Afrique de l'Est (65,3 de dollars); mais inférieure à celle de l'Afrique australe (1 099,0 de dollars), de l'Afrique du Nord (730,2 de dollars) et de l'Afrique centrale (390,2 de dollars). La croissance de l'industrie en Afrique de l'Ouest était supérieure à celle de l'Afrique australe (1,3%); mais inférieure à celle d'Afrique de l'Est (6,0%), de l'Afrique centrale (5,4%) et de l'Afrique du Nord (3,3%).

Les leaders. La valeur ajoutée de l'industrie en Afrique de l'Ouest dans les années 2000 comprenait: Nigeria (68,9%), Ghana (10,0%), Côte d'Ivoire (6,1%), Sénégal (4,1%), Guinée (2,0%), autres (8,9%). La part de l'industrie dans l'économie des leaders: Ghana (27,2%), Guinée (24,3%), Sénégal (23,9%), Côte d'Ivoire (22,8%), Nigeria (22,8%). L'industrie par habitant en Afrique de l'Ouest parmi les leaders: Nigeria (295,0 US$), Ghana (273,0 US$), Sénégal (219,1 US$), Côte d'Ivoire (196,8 US$), Guinée (129,9 US$). La croissance de l'industrie en Afrique de l'Ouest parmi les leaders: Ghana (3,7%), Sénégal (2,9%), Nigeria (2,1%), Côte d'Ivoire (1,5%), Guinée (1,4%).

Les années 2010

L'industrie de l'Afrique de l'Ouest était de 132,7 milliards de dollars par an dans les années 2010. La part dans le monde était de 0,78% et de 23,2% en Afrique.

La part de l'industrie dans l'économie de l'Afrique de l'Ouest était de 21,1% dans les années 2010, à égalité avec l'Estonie (21,1%), le Bangladesh (21,2%), la Finlande (21,0%).

L'industrie par habitant en Afrique de l'Ouest était de 381.4 dollars dans les années 2010, à égalité avec le Nicaragua (380,0 de dollars), la Zambie (385,3 de dollars), l'Asie du Sud (389,6 de dollars). L'industrie par habitant en Afrique de l'Ouest était 6,1 fois inférieure l'industrie par habitant au Monde (2 320,9 US$), et 22,0% inférieure l'industrie par habitant en Afrique (489,1 US$).

La croissance de l'industrie en Afrique de l'Ouest était de 3.3% dans les années 2010, à égalité avec le Honduras (3,3%), le Vanuatu (3,3%), le Burundi (3,3%). La croissance de l'industrie en Afrique de l'Ouest (3,3%) a été inférieure à celle du monde (3,5%), et supérieure à celle de l'Afrique (0,035%).

Comparaison avec les sous-régions. La valeur ajoutée de l'industrie en Afrique de l'Ouest était 45,4% supérieure à celle de l'Afrique australe (91,3 milliards de dollars), 46,7% supérieure à celle de l'Afrique centrale (90,5 milliards de dollars) et 3,0 fois supérieure à celle d'Afrique de l'Est (44,9 milliards de dollars); mais 37,4% inférieure à celle de l'Afrique du Nord (212,1 milliards de dollars). L'industrie par habitant en Afrique de l'Ouest était 3,3 fois supérieure à celle d'Afrique de l'Est (116,9 de dollars); mais 3,8 fois inférieure à celle de l'Afrique australe (1 459,9 de dollars), 2,5 fois inférieure à celle de l'Afrique du Nord (958,1 de dollars) et 35,8% inférieure à celle de l'Afrique centrale (594,0 de dollars). La croissance de l'industrie en Afrique de l'Ouest était supérieure à celle de l'Afrique centrale (2,0%), de l'Afrique australe (0,89%) et de l'Afrique du Nord (-3,0%); mais inférieure à celle d'Afrique de l'Est (5,4%).

Les leaders. L'industrie de l'Afrique de l'Ouest dans les années 2010 comprenait: Nigeria (70,2%), Ghana (10,5%), Côte d'Ivoire (5,6%), Sénégal (3,2%), Burkina Faso (2,2%), autres (8,3%). La part de l'industrie dans l'économie des leaders: Ghana (26,7%), Burkina Faso (23,7%), Sénégal (23,4%), Nigeria (20,9%), Côte d'Ivoire (18,5%). L'industrie par habitant en Afrique de l'Ouest parmi les leaders: Nigeria (520,0 US$), Ghana (506,7 US$), Côte d'Ivoire (324,3 US$), Sénégal (290,1 US$), Burkina Faso (159,6 US$). La croissance de l'industrie en Afrique de l'Ouest parmi les leaders: Ghana (11,8%), Côte d'Ivoire (7,3%), Burkina Faso (6,1%), Sénégal (4,6%), Nigeria (1,2%).

Chapitre 5.1. Fabrication

(ISIC D)

Le secteur de la fabrication en Afrique de l'Ouest est passé de 19,8 milliards de dollars par an dans les années 1970 à 62,8 milliards de dollars par an dans les années 2010, c'est-à-dire 43,0 milliards de dollars ou de 3,2 fois. La variation a été de 18,8 milliards de dollars en raison de l'augmentation de 1,4 fois des prix, et de -13,7 milliards de dollars en raison de la baisse de productivité de 1,3 fois, et de 37,9 milliards de dollars en raison de la croissance démographique. La croissance annuelle moyenne de l'industrie de transformation était de 3,0%. La valeur minimale était de 6,4 milliards de dollars en 1970. La valeur maximale était de 82,3 milliards de dollars en 2019.

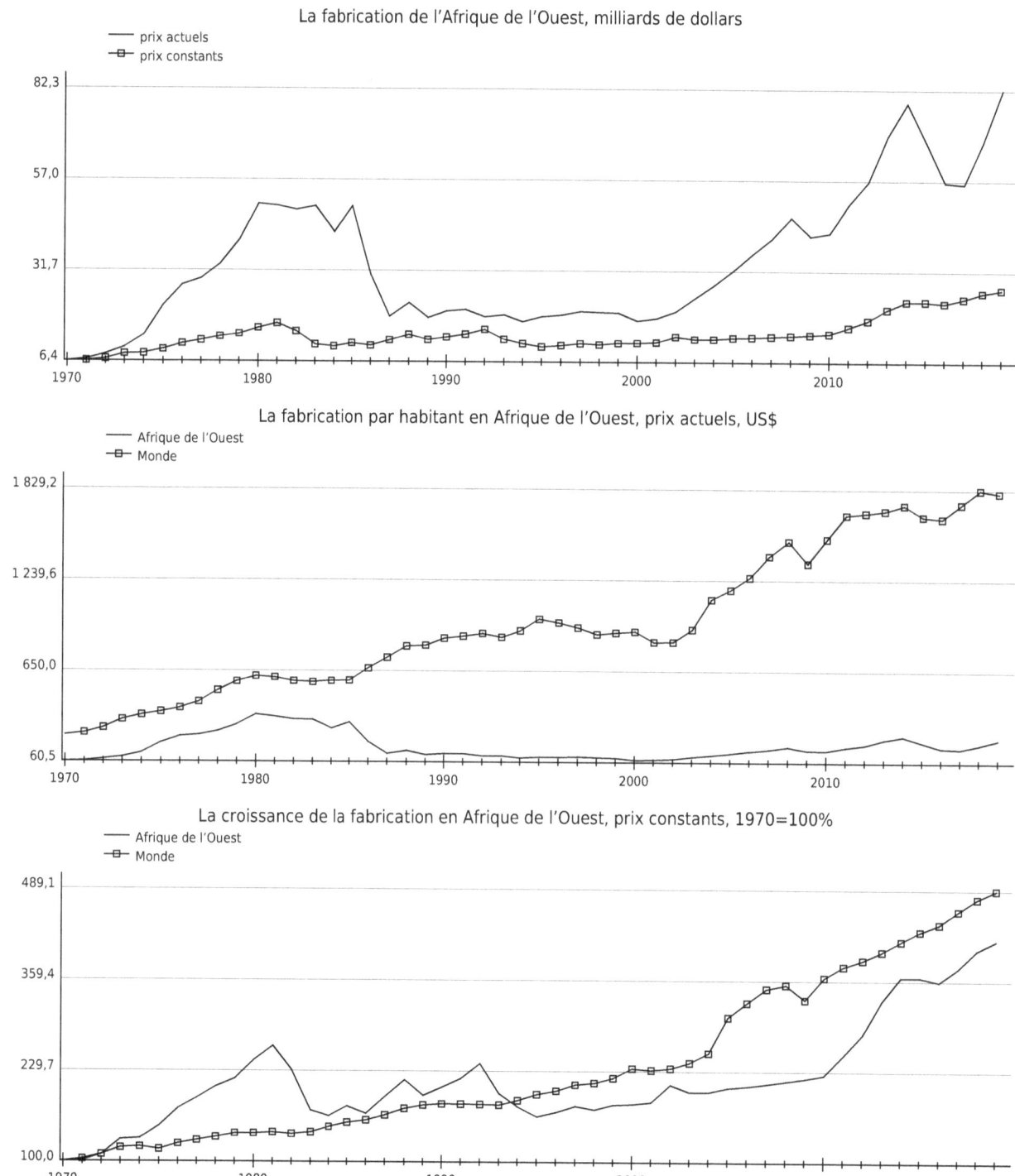

Chapitre 5.1. Fabrication

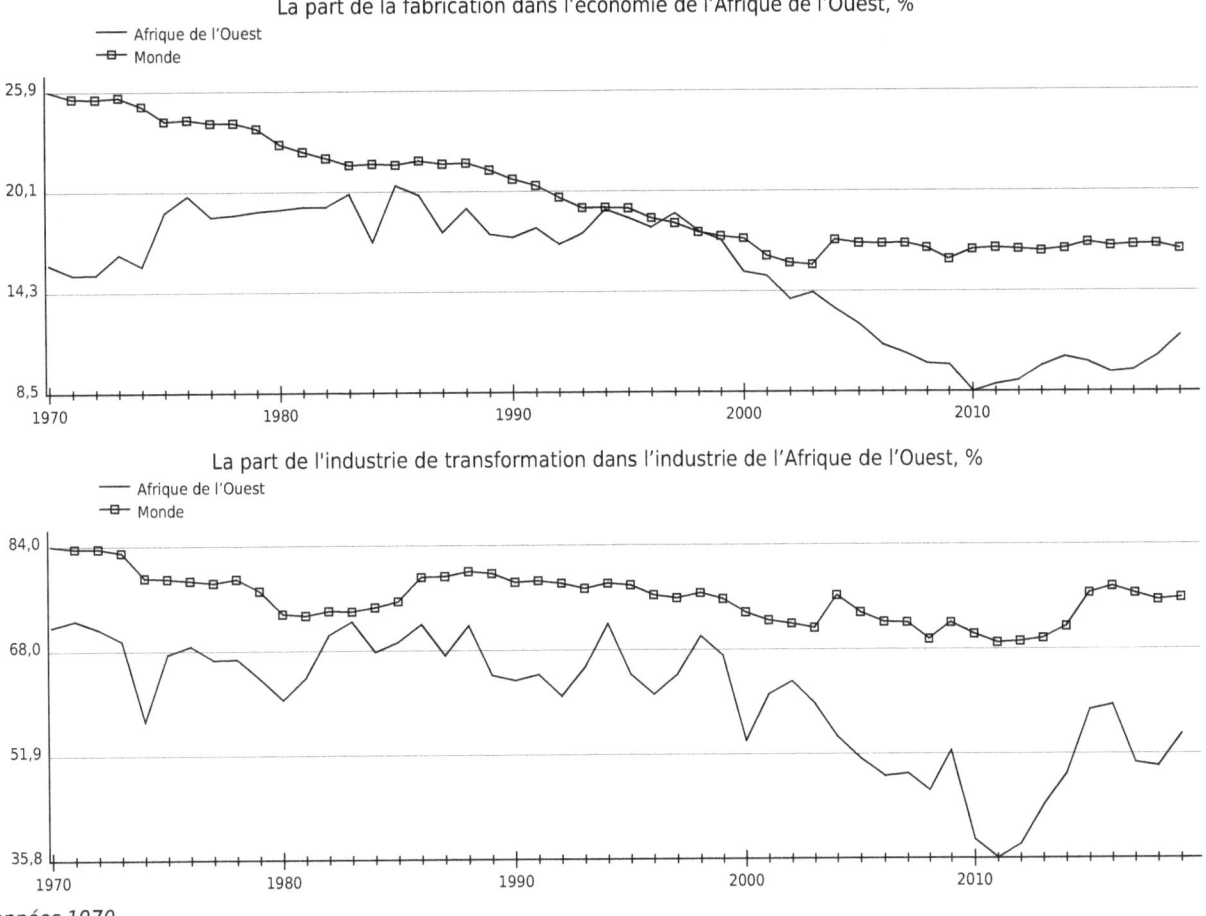

Les années 1970

La fabrication de l'Afrique de l'Ouest était de 19,8 milliards de dollars par an dans les années 1970 à égalité avec le Mexique (19,7 milliards de dollars), l'Asie de l'Ouest (19,7 milliards de dollars). La part dans le monde était de 1,3% et de 48,5% en Afrique.

La part de la fabrication dans l'économie de l'Afrique de l'Ouest était de 18,2% dans les années 1970, à égalité avec le Danemark (18,2%).

La fabrication par habitant en Afrique de l'Ouest était de 166 dollars dans les années 1970, à égalité avec le Guyana (167,4 de dollars), l'Est (168,5 de dollars), les Bahamas (169,2 de dollars). La fabrication par habitant en Afrique de l'Ouest était 2,3 fois inférieure la fabrication par habitant au Monde (383,2 US$), et 67,0% supérieure la fabrication par habitant en Afrique (99,3 US$).

La croissance de l'industrie de transformation en Afrique de l'Ouest était de 9.1% dans les années 1970, à égalité avec les Salomon (9,0%), d'Aruba (9,1%). La croissance de la fabrication en Afrique de l'Ouest (9,1%) a été supérieure à celle du monde (3,8%), et supérieure à celle de l'Afrique (4,9%).

Comparaison avec les sous-régions. La fabrication de l'Afrique de l'Ouest était supérieure à celle de l'Afrique australe (7,2 milliards de dollars), de l'Afrique du Nord (6,3 milliards de dollars), d'Afrique de l'Est (5,3 milliards de dollars) et de l'Afrique centrale (2,1 milliards de dollars). La fabrication par habitant en Afrique de l'Ouest était supérieure à celle de l'Afrique du Nord (65,2 de dollars), de l'Afrique centrale (47,0 de dollars) et d'Afrique de l'Est (44,2 de dollars); mais inférieure à celle de l'Afrique australe (255,9 de dollars). La croissance de la fabrication en Afrique de l'Ouest était supérieure à celle de l'Afrique du Nord (5,6%), d'Afrique de l'Est (5,0%), de l'Afrique australe (4,9%) et de l'Afrique centrale (-0,67%).

Les leaders. La fabrication de l'Afrique de l'Ouest dans les années 1970 comprenait: Nigeria (85,1%), Ghana (6,7%), Côte d'Ivoire (2,6%), Sénégal (2,1%), Burkina Faso (0,98%), autres (2,5%). La part de la fabrication dans l'économie des leaders: Ghana (25,5%), Sénégal (20,0%), Nigeria (18,9%), Burkina Faso (17,3%), Côte d'Ivoire (12,6%). La fabrication par habitant en Afrique de l'Ouest parmi les leaders: Nigeria (267,2 US$), Ghana (135,2 US$), Sénégal (86,1 US$), Côte d'Ivoire (80,2 US$), Burkina Faso (31,8 US$). La croissance de l'industrie de transformation en Afrique de l'Ouest parmi les leaders: Nigeria (12,7%), Côte d'Ivoire (6,2%), Burkina Faso (4,0%), Sénégal (3,6%), Ghana (-1,9%).

Les années 1980

Le secteur de l'industrie de transformation en Afrique de l'Ouest était de 38,1 milliards de dollars par an dans les années 1980. La part dans le monde était de 1,2% et de 44,6% en Afrique.

La part de la fabrication dans l'économie de l'Afrique de l'Ouest était de 19,1% dans les années 1980, à égalité avec la France (19,1%), les États-Unis (18,9%).

La fabrication par habitant en Afrique de l'Ouest était de 243.7 dollars dans les années 1980, à égalité avec Saint-Christophe-et-Niévès (241,0 de dollars), la Jamaïque (248,8 de dollars). La fabrication par habitant en Afrique de l'Ouest était 2,7 fois inférieure la fabrication par habitant au Monde (661,2 US$), et 54,6% supérieure la fabrication par habitant en Afrique (157,6 US$).

La croissance de la fabrication en Afrique de l'Ouest était de -1.1% dans les années 1980. La croissance de l'industrie de transformation en Afrique de l'Ouest (-1,1%) a été inférieure à celle du monde (2,6%), et inférieure à celle de l'Afrique (2,0%).

Comparaison avec les sous-régions. La fabrication de l'Afrique de l'Ouest était supérieure à celle de l'Afrique australe (17,7 milliards de dollars), de l'Afrique du Nord (16,5 milliards de dollars), d'Afrique de l'Est (8,8 milliards de dollars) et de l'Afrique centrale (4,3 milliards de dollars). La fabrication par habitant en Afrique de l'Ouest était supérieure à celle de l'Afrique du Nord (130,4 de dollars), de l'Afrique centrale (71,8 de dollars) et d'Afrique de l'Est (54,4 de dollars); mais inférieure à celle de l'Afrique australe (482,3 de dollars). La croissance de la fabrication en Afrique de l'Ouest était inférieure à celle de l'Afrique du Nord (6,1%), d'Afrique de l'Est (3,1%), de l'Afrique australe (2,5%) et de l'Afrique centrale (1,8%).

Les leaders. La valeur de la fabrication en Afrique de l'Ouest dans les années 1980 comprenait: Nigeria (85,5%), Ghana (4,8%), Côte d'Ivoire (3,2%), Sénégal (2,6%), Burkina Faso (1,0%), autres (2,9%). La part de la fabrication dans l'économie des leaders: Sénégal (22,7%), Ghana (21,4%), Nigeria (20,3%), Burkina Faso (17,2%), Côte d'Ivoire (14,4%). La fabrication par habitant en Afrique de l'Ouest parmi les leaders: Nigeria (393,0 US$), Sénégal (156,8 US$), Ghana (146,1 US$), Côte d'Ivoire (124,1 US$), Burkina Faso (50,7 US$). La croissance de la fabrication en Afrique de l'Ouest parmi les leaders: Côte d'Ivoire (6,0%), Sénégal (4,2%), Burkina Faso (1,9%), Ghana (0,18%), Nigeria (-2,4%).

Les années 1990

La valeur de la fabrication en Afrique de l'Ouest était de 19,7 milliards de dollars par an dans les années 1990 à égalité avec la Malaisie (20,1 milliards de dollars). La part dans le monde était de 0,38% et de 22,3% en Afrique.

La part de l'industrie de transformation dans l'économie de l'Afrique de l'Ouest était de 17,9% dans les années 1990, à égalité avec l'Argentine (18,0%).

La fabrication par habitant en Afrique de l'Ouest était de 96.7 dollars dans les années 1990, à égalité avec le Nigeria (96,9 de dollars). La fabrication par habitant en Afrique de l'Ouest était 9,4 fois inférieure la fabrication par habitant au Monde (908,4 US$), et 22,5% inférieure la fabrication par habitant en Afrique (124,8 US$).

La croissance de la fabrication en Afrique de l'Ouest était de -0.7% dans les années 1990. La croissance de la fabrication en Afrique de l'Ouest (-0,68%) a été inférieure à celle du monde (2,0%), et inférieure à celle de l'Afrique (0,55%).

Comparaison avec les sous-régions. La fabrication de l'Afrique de l'Ouest était supérieure à celle d'Afrique de l'Est (8,8 milliards de dollars) et de l'Afrique centrale (4,0 milliards de dollars); mais inférieure à celle de l'Afrique du Nord (28,5 milliards de dollars) et de l'Afrique australe (27,4 milliards de dollars). La fabrication par habitant en Afrique de l'Ouest était supérieure à celle de l'Afrique centrale (48,8 de dollars) et d'Afrique de l'Est (40,6 de dollars); mais inférieure à celle de l'Afrique australe (586,9 de dollars) et de l'Afrique du Nord (178,5 de dollars). La croissance de l'industrie de transformation en Afrique de l'Ouest était supérieure à celle de l'Afrique centrale (-7,1%); mais inférieure à celle de l'Afrique du Nord (4,4%), d'Afrique de l'Est (2,8%) et de l'Afrique australe (0,54%).

Les leaders. La valeur de l'industrie de transformation en Afrique de l'Ouest dans les années 1990 comprenait: Nigeria (52,6%), Ghana (17,1%), Côte d'Ivoire (11,1%), Sénégal (7,8%), Burkina Faso (2,7%), autres (8,7%). La part de la fabrication dans l'économie des leaders: Ghana (24,4%), Sénégal (23,5%), Côte d'Ivoire (19,9%), Nigeria (18,8%), Burkina Faso (17,2%). La fabrication par habitant en Afrique de l'Ouest parmi les leaders: Ghana (200,6 US$), Sénégal (179,9 US$), Côte d'Ivoire (157,1 US$), Nigeria (96,9 US$), Burkina Faso (52,7 US$). La croissance de l'industrie de transformation en Afrique de l'Ouest parmi les leaders: Burkina Faso (4,7%), Côte d'Ivoire (3,6%), Sénégal (2,6%), Nigeria (-1,8%), Ghana (-2,6%).

Chapitre 5.1. Fabrication

Les années 2000

Le secteur de la fabrication en Afrique de l'Ouest était de 30,6 milliards de dollars par an dans les années 2000 à égalité avec l'Arabie saoudite (30,8 milliards de dollars), la Tchéquie (30,4 milliards de dollars), le Danemark (31,3 milliards de dollars). La part dans le monde était de 0,41% et de 23,3% en Afrique.

La part de l'industrie de transformation dans l'économie de l'Afrique de l'Ouest était de 11,8% dans les années 2000, à égalité avec le Kosovo (11,8%), la Palestine (11,8%).

La fabrication par habitant en Afrique de l'Ouest était de 115.4 dollars dans les années 2000. La fabrication par habitant en Afrique de l'Ouest était 9,9 fois inférieure la fabrication par habitant au Monde (1 138,1 US$), et 20,3% inférieure la fabrication par habitant en Afrique (144,8 US$).

La croissance de l'industrie de transformation en Afrique de l'Ouest était de 1.9% dans les années 2000. La croissance de la fabrication en Afrique de l'Ouest (1,9%) a été inférieure à celle du monde (4,2%), et inférieure à celle de l'Afrique (3,5%).

Comparaison avec les sous-régions. Le secteur de la fabrication en Afrique de l'Ouest était supérieur à celui d'Afrique de l'Est (12,0 milliards de dollars) et de l'Afrique centrale (9,1 milliards de dollars); mais inférieur à celui de l'Afrique du Nord (43,3 milliards de dollars) et de l'Afrique australe (36,4 milliards de dollars). La fabrication par habitant en Afrique de l'Ouest était supérieure à celle de l'Afrique centrale (81,7 de dollars) et d'Afrique de l'Est (42,0 de dollars); mais inférieure à celle de l'Afrique australe (668,5 de dollars) et de l'Afrique du Nord (227,2 de dollars). La croissance de l'industrie de transformation en Afrique de l'Ouest était inférieure à celle de l'Afrique centrale (4,7%), de l'Afrique du Nord (4,4%), d'Afrique de l'Est (3,8%) et de l'Afrique australe (2,7%).

Les leaders. Le secteur de la fabrication en Afrique de l'Ouest dans les années 2000 comprenait: Nigeria (55,8%), Ghana (15,0%), Côte d'Ivoire (8,8%), Sénégal (6,9%), Mali (3,0%), autres (10,5%). La part de la fabrication dans l'économie des leaders: Ghana (21,2%), Sénégal (21,1%), Côte d'Ivoire (17,1%), Mali (16,0%), Nigeria (9,6%). La fabrication par habitant en Afrique de l'Ouest parmi les leaders: Ghana (212,4 US$), Sénégal (193,2 US$), Côte d'Ivoire (147,7 US$), Nigeria (124,3 US$), Mali (71,9 US$). La croissance de la fabrication en Afrique de l'Ouest parmi les leaders: Mali (10,6%), Ghana (3,2%), Sénégal (2,7%), Nigeria (1,6%), Côte d'Ivoire (0,71%).

Les années 2010

Le secteur de l'industrie de transformation en Afrique de l'Ouest était de 62,8 milliards de dollars par an dans les années 2010 à égalité avec la Belgique (63,8 milliards de dollars), l'Iran (64,1 milliards de dollars). La part dans le monde était de 0,50% et de 26,1% en Afrique.

La part de la fabrication dans l'économie de l'Afrique de l'Ouest était de 10,0% dans les années 2010, à égalité avec le Kenya (10,0%), l'Ouganda (9,9%).

La fabrication par habitant en Afrique de l'Ouest était de 180.5 dollars dans les années 2010, à égalité avec les Îles Turks-et-Caïcos (181,7 de dollars), le Kirghizistan (176,9 de dollars). La fabrication par habitant en Afrique de l'Ouest était 9,4 fois inférieure la fabrication par habitant au Monde (1 697,4 US$), et 12,5% inférieure la fabrication par habitant en Afrique (206,2 US$).

La croissance de l'industrie de transformation en Afrique de l'Ouest était de 6.6% dans les années 2010. La croissance de l'industrie de transformation en Afrique de l'Ouest (6,6%) a été supérieure à celle du monde (3,9%), et supérieure à celle de l'Afrique (3,6%).

Comparaison avec les sous-régions. Le secteur de l'industrie de transformation en Afrique de l'Ouest était 33,5% supérieur à celui de l'Afrique australe (47,1 milliards de dollars), 2,5 fois supérieur à celui d'Afrique de l'Est (25,4 milliards de dollars) et 2,6 fois supérieur à celui de l'Afrique centrale (24,3 milliards de dollars); mais 22,8% inférieur à celui de l'Afrique du Nord (81,4 milliards de dollars). La fabrication par habitant en Afrique de l'Ouest était 13,3% supérieure à celle de l'Afrique centrale (159,3 de dollars) et 2,7 fois supérieure à celle d'Afrique de l'Est (66,2 de dollars); mais 4,2 fois inférieure à celle de l'Afrique australe (752,9 de dollars) et 2,0 fois inférieure à celle de l'Afrique du Nord (367,7 de dollars). La croissance de la fabrication en Afrique de l'Ouest était supérieure à celle d'Afrique de l'Est (5,4%), de l'Afrique centrale (3,6%), de l'Afrique du Nord (2,3%) et de l'Afrique australe (1,4%).

Les leaders. Le secteur de l'industrie de transformation en Afrique de l'Ouest dans les années 2010 comprenait: Nigeria (63,6%), Ghana (10,6%), Côte d'Ivoire (8,0%), Sénégal (5,3%), Mali (3,3%), autres (9,3%). La part de l'industrie de transformation dans l'économie des leaders: Sénégal (18,6%), Mali (15,6%), Ghana (12,7%), Côte d'Ivoire (12,4%), Nigeria (9,0%). La fabrication par habitant en Afrique de l'Ouest parmi les leaders: Ghana (240,6 US$), Sénégal (230,5 US$), Nigeria (223,0 US$), Côte d'Ivoire (217,2 US$), Mali (118,6 US$). La croissance de l'industrie de transformation en Afrique de l'Ouest parmi les leaders: Mali (9,4%), Côte d'Ivoire (9,2%), Nigeria (6,4%),

Ghana (5,4%), Sénégal (4,2%).

Chapitre VI. Construction

(ISIC F)

La construction de l'Afrique de l'Ouest est passé de 8,3 milliards de dollars par an dans les années 1970 à 26,4 milliards de dollars par an dans les années 2010, c'est-à-dire 18,1 milliards de dollars ou de 3,2 fois. La variation a été de -12,9 milliards de dollars en raison de la baisse de 1,5 fois du prix, et de 15,0 milliards de dollars en raison de la croissance de productivité de 1,6 fois, et de 15,9 milliards de dollars en raison de la croissance démographique. La croissance annuelle moyenne de la construction était de 4,3%. La valeur minimale était de 2,7 milliards de dollars en 1994. La valeur maximale était de 40,2 milliards de dollars en 2019.

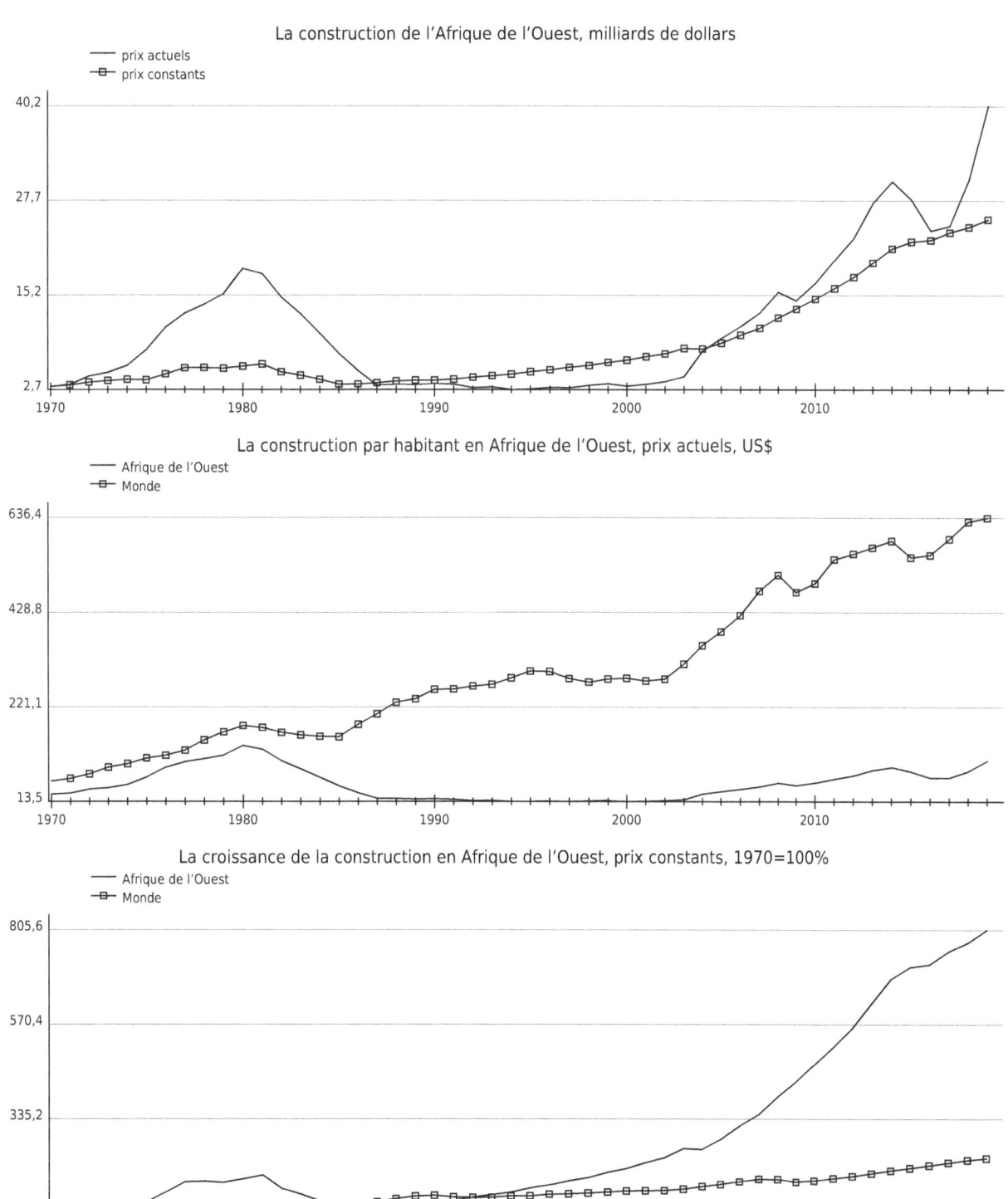

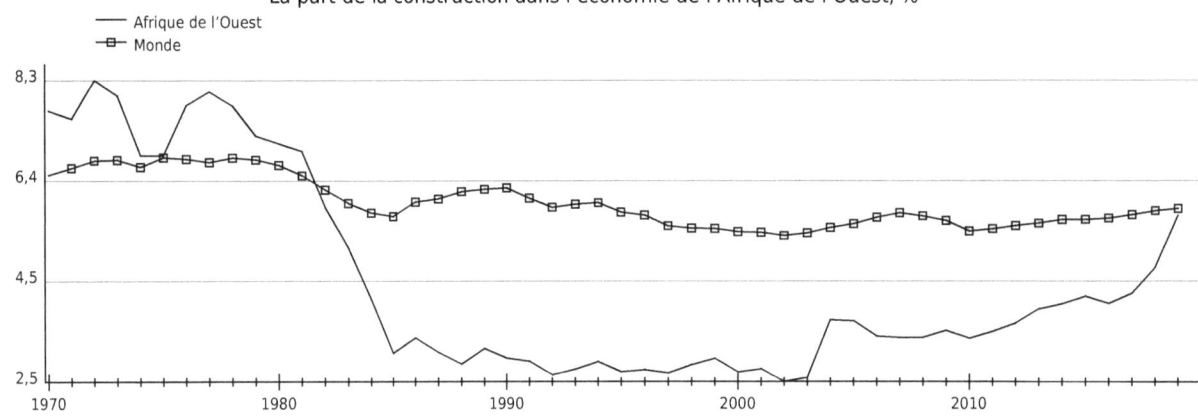

Les années 1970

La valeur ajoutée de la construction en Afrique de l'Ouest était de 8,3 milliards de dollars par an dans les années 1970 à égalité avec le Mexique (8,3 milliards de dollars). La part dans le monde était de 1,9% et de 50,8% en Afrique.

La part de la construction dans l'économie de l'Afrique de l'Ouest était de 7,6% dans les années 1970, à égalité avec l'Europe de l'Ouest (7,6%), les Philippines (7,6%), la Côte d'Ivoire (7,6%).

La construction par habitant en Afrique de l'Ouest était de 69.7 dollars dans les années 1970, à égalité avec les Tuvalu (69,9 de dollars), Saint-Christophe-et-Niévès (70,5 de dollars), les Îles Marshall (71,3 de dollars). La construction par habitant en Afrique de l'Ouest était 34,3% inférieure la construction par habitant au Monde (106,1 US$), et 74,7% supérieure la construction par habitant en Afrique (39,9 US$).

La croissance de la construction en Afrique de l'Ouest était de 6.6% dans les années 1970, à égalité avec Micronésie (6,6%), les Îles Marshall (6,6%). La croissance de la construction en Afrique de l'Ouest (6,6%) a été supérieure à celle du monde (2,1%), et supérieure à celle de l'Afrique (4,5%).

Comparaison avec les sous-régions. La valeur ajoutée de la construction en Afrique de l'Ouest était supérieure à celle de l'Afrique du Nord (4,0 milliards de dollars), de l'Afrique australe (1,7 milliards de dollars), d'Afrique de l'Est (1,2 milliards de dollars) et de l'Afrique centrale (1,1 milliards de dollars). La construction par habitant en Afrique de l'Ouest était supérieure à celle de l'Afrique australe (58,8 de dollars), de l'Afrique du Nord (41,9 de dollars), de l'Afrique centrale (25,0 de dollars) et d'Afrique de l'Est (10,1 de dollars). La croissance de la construction en Afrique de l'Ouest était supérieure à celle de l'Afrique australe (2,3%), de l'Afrique centrale (1,2%) et d'Afrique de l'Est (-0,074%); mais inférieure à celle de l'Afrique du Nord (7,9%).

Les leaders. La valeur de la construction en Afrique de l'Ouest dans les années 1970 comprenait: Nigeria (89,6%), Côte d'Ivoire (3,7%), Guinée (1,3%), Ghana (1,1%), Burkina Faso (0,84%), autres (3,4%). La part de la construction dans l'économie des leaders: Guinée (8,4%), Nigeria (8,4%), Côte d'Ivoire (7,6%), Burkina Faso (6,2%), Ghana (1,8%). La construction par habitant en Afrique de l'Ouest parmi les leaders: Nigeria (118,2 US$), Côte d'Ivoire (48,5 US$), Guinée (24,8 US$), Burkina Faso (11,4 US$), Ghana (9,4 US$). La croissance de la construction en Afrique de l'Ouest parmi les leaders: Côte d'Ivoire (10,1%), Nigeria (7,8%), Guinée (3,0%), Burkina Faso (-0,84%), Ghana (-0,89%).

Les années 1980

La construction de l'Afrique de l'Ouest était de 9,7 milliards de dollars par an dans les années 1980 à égalité avec les Pays-Bas (9,8 milliards de dollars). La part dans le monde était de 1,1% et de 33,7% en Afrique.

La part de la construction dans l'économie de l'Afrique de l'Ouest était de 4,9% dans les années 1980, à égalité avec les Amériques (4,9%), le Paraguay (4,8%).

La construction par habitant en Afrique de l'Ouest était de 62.4 dollars dans les années 1980, à égalité avec Djibouti (62,7 de dollars), la Corée du Nord (61,9 de dollars), les Îles Vierges britanniques (63,7 de dollars). La construction par habitant en Afrique de l'Ouest était 3,0 fois inférieure la construction par habitant au Monde (186,2 US$), et 17,0% supérieure la construction par habitant en Afrique (53,3 US$).

La croissance de la construction en Afrique de l'Ouest était de -3.3% dans les années 1980. La croissance de la construction en Afrique

Chapitre VI. Construction

de l'Ouest (-3,3%) a été inférieure à celle du monde (1,7%), et inférieure à celle de l'Afrique (0,41%).

Comparaison avec les sous-régions. La construction de l'Afrique de l'Ouest était supérieure à celle de l'Afrique australe (3,1 milliards de dollars), de l'Afrique centrale (2,1 milliards de dollars) et d'Afrique de l'Est (1,9 milliards de dollars); mais inférieure à celle de l'Afrique du Nord (12,1 milliards de dollars). La construction par habitant en Afrique de l'Ouest était supérieure à celle de l'Afrique centrale (34,6 de dollars) et d'Afrique de l'Est (11,6 de dollars); mais inférieure à celle de l'Afrique du Nord (95,8 de dollars) et de l'Afrique australe (83,5 de dollars). La croissance de la construction en Afrique de l'Ouest était inférieure à celle de l'Afrique du Nord (2,3%), de l'Afrique centrale (0,98%), d'Afrique de l'Est (0,82%) et de l'Afrique australe (-0,11%).

Les leaders. La valeur de la construction en Afrique de l'Ouest dans les années 1980 comprenait: Nigeria (86,4%), Côte d'Ivoire (3,5%), Guinée (2,6%), Niger (1,3%), Ghana (1,1%), autres (5,1%). La part de la construction dans l'économie des leaders: Guinée (8,4%), Nigeria (5,2%), Niger (4,7%), Côte d'Ivoire (4,0%), Ghana (1,2%). La construction par habitant en Afrique de l'Ouest parmi les leaders: Nigeria (101,7 US$), Guinée (46,1 US$), Côte d'Ivoire (34,8 US$), Niger (19,0 US$), Ghana (8,4 US$). La croissance de la construction en Afrique de l'Ouest parmi les leaders: Côte d'Ivoire (3,2%), Guinée (2,7%), Ghana (-0,96%), Niger (-1,2%), Nigeria (-5,7%).

Les années 1990

La valeur de la construction en Afrique de l'Ouest était de 3,1 milliards de dollars par an dans les années 1990. La part dans le monde était de 0,20% et de 12,7% en Afrique.

La part de la construction dans l'économie de l'Afrique de l'Ouest était de 2,8% dans les années 1990, à égalité avec le Mozambique (2,8%).

La construction par habitant en Afrique de l'Ouest était de 15.3 dollars dans les années 1990, à égalité avec le Viêt Nam (15,1 de dollars). La construction par habitant en Afrique de l'Ouest était 18,2 fois inférieure la construction par habitant au Monde (278,6 US$), et 2,3 fois inférieure la construction par habitant en Afrique (34,6 US$).

La croissance de la construction en Afrique de l'Ouest était de 4.8% dans les années 1990, à égalité avec Trinité-et-Tobago (4,7%), la Pologne (4,8%). La croissance de la construction en Afrique de l'Ouest (4,8%) a été supérieure à celle du monde (0,71%), et supérieure à celle de l'Afrique (2,8%).

Comparaison avec les sous-régions. La valeur ajoutée de la construction en Afrique de l'Ouest était supérieure à celle d'Afrique de l'Est (2,4 milliards de dollars) et de l'Afrique centrale (1,9 milliards de dollars); mais inférieure à celle de l'Afrique du Nord (12,3 milliards de dollars) et de l'Afrique australe (4,8 milliards de dollars). La construction par habitant en Afrique de l'Ouest était supérieure à celle d'Afrique de l'Est (11,1 de dollars); mais inférieure à celle de l'Afrique australe (102,6 de dollars), de l'Afrique du Nord (77,2 de dollars) et de l'Afrique centrale (22,8 de dollars). La croissance de la construction en Afrique de l'Ouest était supérieure à celle d'Afrique de l'Est (3,8%), de l'Afrique du Nord (3,1%), de l'Afrique centrale (1,8%) et de l'Afrique australe (-0,55%).

Les leaders. La valeur de la construction en Afrique de l'Ouest dans les années 1990 comprenait: Nigeria (39,2%), Guinée (13,8%), Ghana (13,1%), Côte d'Ivoire (7,8%), Mali (5,0%), autres (21,1%). La part de la construction dans l'économie des leaders: Guinée (8,7%), Mali (5,5%), Ghana (3,0%), Nigeria (2,2%), Côte d'Ivoire (2,2%). La construction par habitant en Afrique de l'Ouest parmi les leaders: Guinée (59,9 US$), Ghana (24,4 US$), Côte d'Ivoire (17,4 US$), Mali (16,5 US$), Nigeria (11,4 US$). La croissance de la construction en Afrique de l'Ouest parmi les leaders: Mali (15,1%), Ghana (9,1%), Côte d'Ivoire (8,0%), Guinée (4,5%), Nigeria (4,1%).

Les années 2000

La construction de l'Afrique de l'Ouest était de 8,6 milliards de dollars par an dans les années 2000. La part dans le monde était de 0,35% et de 17,7% en Afrique.

La part de la construction dans l'économie de l'Afrique de l'Ouest était de 3,3% dans les années 2000, à égalité avec la Syrie (3,3%), la Namibie (3,3%), la Jordanie (3,3%).

La construction par habitant en Afrique de l'Ouest était de 32.5 dollars dans les années 2000, à égalité avec le Bangladesh (32,3 de dollars). La construction par habitant en Afrique de l'Ouest était 11,7 fois inférieure la construction par habitant au Monde (381,3 US$), et 39,5% inférieure la construction par habitant en Afrique (53,8 US$).

La croissance de la construction en Afrique de l'Ouest était de 7.7% dans les années 2000, à égalité avec le Laos (7,8%), le Bangladesh (7,8%). La croissance de la construction en Afrique de l'Ouest (7,7%) a été supérieure à celle du monde (1,5%), et inférieure à celle de l'Afrique (8,4%).

Comparaison avec les sous-régions. La valeur ajoutée de la construction en Afrique de l'Ouest était supérieure à celle de l'Afrique australe (7,2 milliards de dollars), d'Afrique de l'Est (6,2 milliards de dollars) et de l'Afrique centrale (5,5 milliards de dollars); mais inférieure à celle de l'Afrique du Nord (21,1 milliards de dollars). La construction par habitant en Afrique de l'Ouest était supérieure à celle d'Afrique de l'Est (21,7 de dollars); mais inférieure à celle de l'Afrique australe (133,0 de dollars), de l'Afrique du Nord (111,0 de dollars) et de l'Afrique centrale (50,0 de dollars). La croissance de la construction en Afrique de l'Ouest était supérieure à celle de l'Afrique du Nord (7,1%); mais inférieure à celle de l'Afrique centrale (13,7%), d'Afrique de l'Est (9,1%) et de l'Afrique australe (8,2%).

Les leaders. La construction de l'Afrique de l'Ouest dans les années 2000 comprenait: Nigeria (57,4%), Ghana (12,5%), Mali (5,5%), Guinée (5,3%), Côte d'Ivoire (4,2%), autres (15,1%). La part de la construction dans l'économie des leaders: Guinée (9,5%), Mali (8,3%), Ghana (5,0%), Nigeria (2,8%), Côte d'Ivoire (2,3%). La construction par habitant en Afrique de l'Ouest parmi les leaders: Guinée (50,7 US$), Ghana (50,0 US$), Mali (37,3 US$), Nigeria (36,0 US$), Côte d'Ivoire (20,0 US$). La croissance de la construction en Afrique de l'Ouest parmi les leaders: Ghana (11,3%), Mali (10,9%), Nigeria (8,4%), Guinée (5,9%), Côte d'Ivoire (4,2%).

Les années 2010

La valeur de la construction en Afrique de l'Ouest était de 26,4 milliards de dollars par an dans les années 2010. La part dans le monde était de 0,63% et de 20,6% en Afrique.

La part de la construction dans l'économie de l'Afrique de l'Ouest était de 4,2% dans les années 2010, à égalité avec la Somalie (4,2%).

La construction par habitant en Afrique de l'Ouest était de 75.8 dollars dans les années 2010, à égalité avec l'Éthiopie (74,8 de dollars). La construction par habitant en Afrique de l'Ouest était 7,5 fois inférieure la construction par habitant au Monde (572,1 US$), et 30,7% inférieure la construction par habitant en Afrique (109,4 US$).

La croissance de la construction en Afrique de l'Ouest était de 6.5% dans les années 2010, à égalité avec la Bolivie (6,5%), le Botswana (6,6%), le Burkina Faso (6,6%). La croissance de la construction en Afrique de l'Ouest (6,5%) a été supérieure à celle du monde (2,9%), et supérieure à celle de l'Afrique (5,8%).

Comparaison avec les sous-régions. La valeur ajoutée de la construction en Afrique de l'Ouest était 8,4% supérieure à celle d'Afrique de l'Est (24,3 milliards de dollars), 36,1% supérieure à celle de l'Afrique centrale (19,4 milliards de dollars) et 83,6% supérieure à celle de l'Afrique australe (14,4 milliards de dollars); mais 39,3% inférieure à celle de l'Afrique du Nord (43,4 milliards de dollars). La construction par habitant en Afrique de l'Ouest était 19,7% supérieure à celle d'Afrique de l'Est (63,3 de dollars); mais 3,0 fois inférieure à celle de l'Afrique australe (229,7 de dollars), 2,6 fois inférieure à celle de l'Afrique du Nord (196,1 de dollars) et 40,4% inférieure à celle de l'Afrique centrale (127,3 de dollars). La croissance de la construction en Afrique de l'Ouest était supérieure à celle de l'Afrique du Nord (5,0%), de l'Afrique centrale (3,1%) et de l'Afrique australe (1,3%); mais inférieure à celle d'Afrique de l'Est (11,6%).

Les leaders. La valeur de la construction en Afrique de l'Ouest dans les années 2010 comprenait: Nigeria (64,1%), Ghana (15,5%), Côte d'Ivoire (5,7%), Mali (2,5%), Bénin (2,2%), autres (9,9%). La part de la construction dans l'économie des leaders: Ghana (7,8%), Bénin (5,7%), Mali (5,1%), Nigeria (3,8%), Côte d'Ivoire (3,7%). La construction par habitant en Afrique de l'Ouest parmi les leaders: Ghana (148,2 US$), Nigeria (94,4 US$), Côte d'Ivoire (65,8 US$), Bénin (54,8 US$), Mali (38,5 US$). La croissance de la construction en Afrique de l'Ouest parmi les leaders: Côte d'Ivoire (9,0%), Nigeria (6,6%), Ghana (6,2%), Bénin (4,1%), Mali (3,1%).

Chapitre VII. Transport

Transport et stockage (ISIC I)

Le secteur du transport en Afrique de l'Ouest est passé de 12,7 milliards de dollars par an dans les années 1970 à 70,0 milliards de dollars par an dans les années 2010, c'est-à-dire 57,3 milliards de dollars ou de 5,5 fois. La variation a été de 27,3 milliards de dollars en raison de l'augmentation de 1,6 fois des prix, et de 5,8 milliards de dollars en raison de la croissance de productivité de 1,2 fois, et de 24,3 milliards de dollars en raison de la croissance démographique. La croissance annuelle moyenne du transport était de 3,5%. La valeur minimale était de 4,5 milliards de dollars en 1970. La valeur maximale était de 84,9 milliards de dollars en 2014.

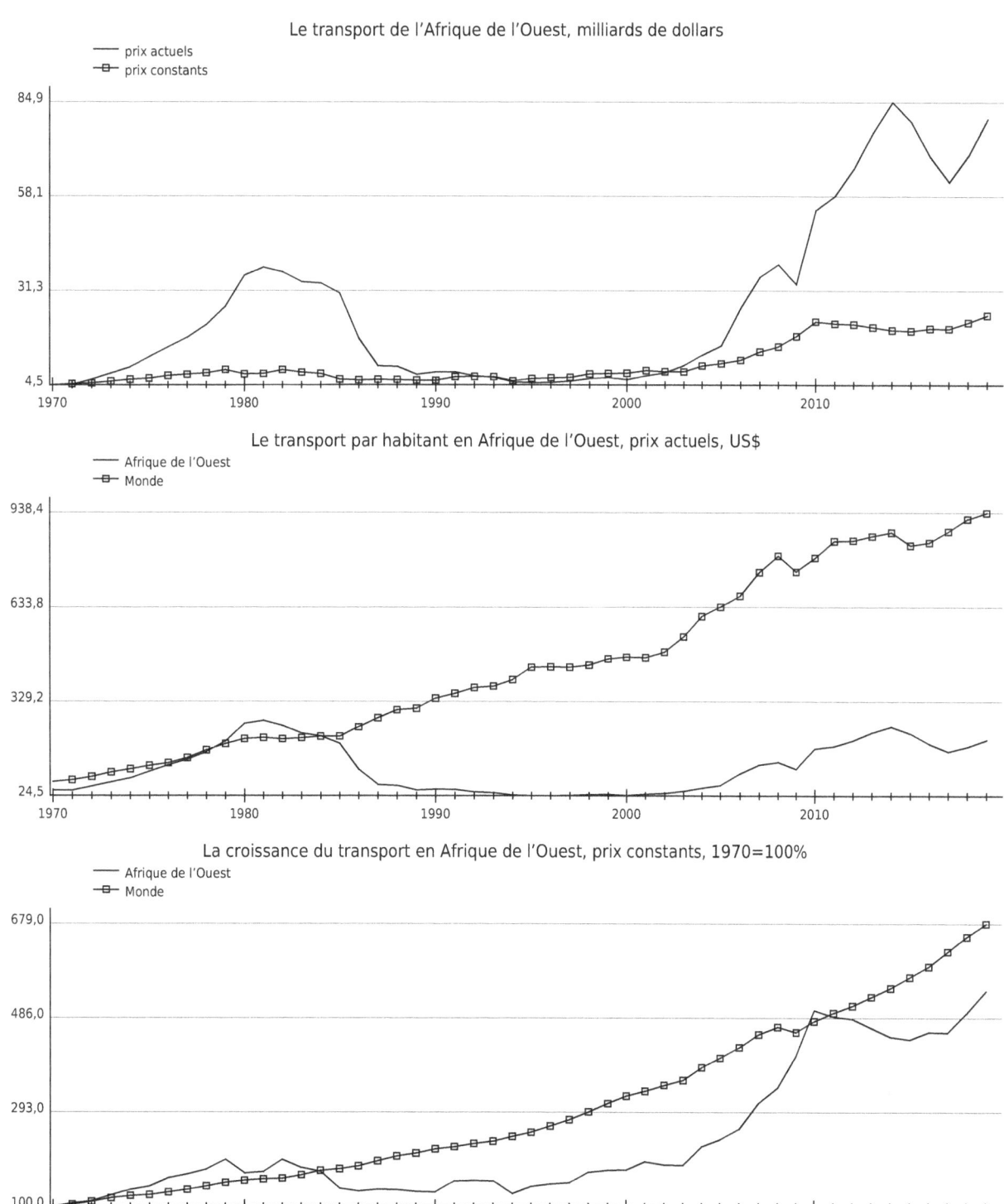

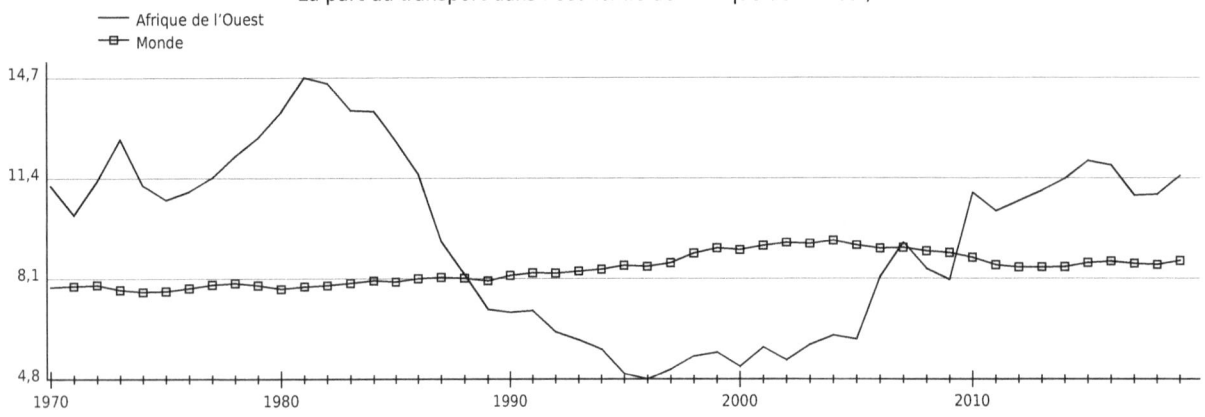

La part du transport dans l'économie de l'Afrique de l'Ouest, %

Les années 1970

Le transport de l'Afrique de l'Ouest était de 12,7 milliards de dollars par an dans les années 1970 à égalité avec le Canada (12,7 milliards de dollars). La part dans le monde était de 2,6% et de 55,2% en Afrique.

La part du transport dans l'économie de l'Afrique de l'Ouest était de 11,6% dans les années 1970, à égalité avec d'Anguilla (11,6%), la Papouasie-Nouvelle-Guinée (11,5%), Chypre (11,7%).

Le transport par habitant en Afrique de l'Ouest était de 106.1 dollars dans les années 1970, à égalité avec la Hongrie (105,7 de dollars), le Panama (105,7 de dollars), l'Est (106,8 de dollars). Le transport par habitant en Afrique de l'Ouest était 13,3% inférieur le transport par habitant au Monde (122,3 US$), et 89,9% supérieur le transport par habitant en Afrique (55,9 US$).

La croissance du transport en Afrique de l'Ouest était de 7.8% dans les années 1970, à égalité avec le Vanuatu (7,7%), la République dominicaine (7,7%), le Belize (7,8%). La croissance du transport en Afrique de l'Ouest (7,8%) a été supérieure à celle du monde (4,6%), et supérieure à celle de l'Afrique (6,8%).

Comparaison avec les sous-régions. Le transport de l'Afrique de l'Ouest était supérieur à celui de l'Afrique australe (3,4 milliards de dollars), de l'Afrique du Nord (3,1 milliards de dollars), d'Afrique de l'Est (2,1 milliards de dollars) et de l'Afrique centrale (1,7 milliards de dollars). Le transport par habitant en Afrique de l'Ouest était supérieur à celui de l'Afrique centrale (36,4 de dollars), de l'Afrique du Nord (31,8 de dollars) et d'Afrique de l'Est (17,6 de dollars); mais inférieur à celui de l'Afrique australe (121,2 de dollars). La croissance du transport en Afrique de l'Ouest était supérieure à celle de l'Afrique australe (5,5%), d'Afrique de l'Est (2,5%) et de l'Afrique centrale (1,3%); mais inférieure à celle de l'Afrique du Nord (10,7%).

Les leaders. Le transport de l'Afrique de l'Ouest dans les années 1970 comprenait: Nigeria (90,4%), Ghana (2,9%), Côte d'Ivoire (2,6%), Sénégal (0,95%), Sierra Leone (0,57%), autres (2,6%). La part du transport dans l'économie des leaders: Nigeria (12,9%), Sierra Leone (10,8%), Côte d'Ivoire (8,2%), Ghana (6,9%), Sénégal (5,8%). Le transport par habitant en Afrique de l'Ouest parmi les leaders: Nigeria (181,5 US$), Côte d'Ivoire (51,9 US$), Ghana (36,8 US$), Sénégal (24,8 US$), Sierra Leone (23,8 US$). La croissance du transport en Afrique de l'Ouest parmi les leaders: Côte d'Ivoire (8,1%), Nigeria (7,6%), Sierra Leone (4,3%), Ghana (3,4%), Sénégal (1,5%).

Les années 1980

La valeur du transport en Afrique de l'Ouest était de 25,3 milliards de dollars par an dans les années 1980 à égalité avec l'Asie de l'Ouest (25,1 milliards de dollars). La part dans le monde était de 2,2% et de 51,6% en Afrique.

La part du transport dans l'économie de l'Afrique de l'Ouest était de 12,7% dans les années 1980, à égalité avec Sainte-Lucie (12,7%), le Groenland (12,6%).

Le transport par habitant en Afrique de l'Ouest était de 161.7 dollars dans les années 1980, à égalité avec l'Équateur (161,5 de dollars), la Dominique (161,4 de dollars), les îles Cook (159,9 de dollars). Le transport par habitant en Afrique de l'Ouest était 33,2% inférieur le transport par habitant au Monde (242,0 US$), et 79,0% supérieur le transport par habitant en Afrique (90,3 US$).

La croissance du transport en Afrique de l'Ouest était de -4% dans les années 1980. La croissance du transport en Afrique de l'Ouest (-4,0%) a été inférieure à celle du monde (3,4%), et inférieure à celle de l'Afrique (-0,23%).

Comparaison avec les sous-régions. Le transport de l'Afrique de l'Ouest était supérieur à celui de l'Afrique du Nord (9,0 milliards de

Chapitre VII. Transport

dollars), de l'Afrique australe (7,4 milliards de dollars), d'Afrique de l'Est (3,9 milliards de dollars) et de l'Afrique centrale (3,4 milliards de dollars). Le transport par habitant en Afrique de l'Ouest était supérieur à celui de l'Afrique du Nord (71,3 de dollars), de l'Afrique centrale (56,4 de dollars) et d'Afrique de l'Est (23,9 de dollars); mais inférieur à celui de l'Afrique australe (201,2 de dollars). La croissance du transport en Afrique de l'Ouest était inférieure à celle de l'Afrique du Nord (4,8%), d'Afrique de l'Est (3,1%), de l'Afrique australe (2,2%) et de l'Afrique centrale (2,1%).

Les leaders. Le transport de l'Afrique de l'Ouest dans les années 1980 comprenait: Nigeria (89,8%), Ghana (3,1%), Côte d'Ivoire (2,6%), Sénégal (0,96%), Sierra Leone (0,66%), autres (2,9%). La part du transport dans l'économie des leaders: Nigeria (14,1%), Sierra Leone (13,4%), Ghana (9,1%), Côte d'Ivoire (7,8%), Sénégal (5,5%). Le transport par habitant en Afrique de l'Ouest parmi les leaders: Nigeria (273,9 US$), Côte d'Ivoire (66,8 US$), Ghana (62,2 US$), Sierra Leone (43,7 US$), Sénégal (37,9 US$). La croissance du transport en Afrique de l'Ouest parmi les leaders: Ghana (5,0%), Sénégal (3,7%), Nigeria (-0,76%), Sierra Leone (-1,7%), Côte d'Ivoire (-4,9%).

Les années 1990

La valeur ajoutée du transport en Afrique de l'Ouest était de 6,4 milliards de dollars par an dans les années 1990 à égalité avec l'Arabie saoudite (6,5 milliards de dollars). La part dans le monde était de 0,28% et de 14,4% en Afrique.

La part du transport dans l'économie de l'Afrique de l'Ouest était de 5,9% dans les années 1990, à égalité avec le Népal (5,9%), l'Argentine (5,8%), le Bénin (5,9%).

Le transport par habitant en Afrique de l'Ouest était de 31.6 dollars dans les années 1990, à égalité avec la Gambie (31,8 de dollars), la Mauritanie (32,3 de dollars), le Kenya (30,9 de dollars). Le transport par habitant en Afrique de l'Ouest était 13,0 fois inférieur le transport par habitant au Monde (409,5 US$), et 49,9% inférieur le transport par habitant en Afrique (63,1 US$).

La croissance du transport en Afrique de l'Ouest était de 2.9% dans les années 1990, à égalité avec l'Arabie saoudite (2,9%). La croissance du transport en Afrique de l'Ouest (2,9%) a été inférieure à celle du monde (4,0%), et inférieure à celle de l'Afrique (3,3%).

Comparaison avec les sous-régions. Le transport de l'Afrique de l'Ouest était supérieur à celui d'Afrique de l'Est (4,9 milliards de dollars) et de l'Afrique centrale (3,6 milliards de dollars); mais inférieur à celui de l'Afrique du Nord (16,9 milliards de dollars) et de l'Afrique australe (12,9 milliards de dollars). Le transport par habitant en Afrique de l'Ouest était supérieur à celui d'Afrique de l'Est (22,9 de dollars); mais inférieur à celui de l'Afrique australe (275,5 de dollars), de l'Afrique du Nord (105,8 de dollars) et de l'Afrique centrale (43,7 de dollars). La croissance du transport en Afrique de l'Ouest était supérieure à celle de l'Afrique centrale (-0,72%); mais inférieure à celle de l'Afrique australe (4,2%), d'Afrique de l'Est (4,2%) et de l'Afrique du Nord (3,9%).

Les leaders. La valeur ajoutée du transport en Afrique de l'Ouest dans les années 1990 comprenait: Nigeria (46,4%), Ghana (18,7%), Côte d'Ivoire (11,2%), Sénégal (6,1%), Guinée (3,8%), autres (13,9%). La part du transport dans l'économie des leaders: Ghana (8,7%), Côte d'Ivoire (6,5%), Sénégal (6,0%), Nigeria (5,4%), Guinée (4,9%). Le transport par habitant en Afrique de l'Ouest parmi les leaders: Ghana (71,6 US$), Côte d'Ivoire (51,4 US$), Sénégal (45,8 US$), Guinée (33,7 US$), Nigeria (27,9 US$). La croissance du transport en Afrique de l'Ouest parmi les leaders: Ghana (7,0%), Nigeria (5,2%), Sénégal (4,7%), Guinée (4,2%), Côte d'Ivoire (2,4%).

Les années 2000

Le secteur du transport en Afrique de l'Ouest était de 19,3 milliards de dollars par an dans les années 2000 à égalité avec Hong Kong (19,4 milliards de dollars). La part dans le monde était de 0,48% et de 21,5% en Afrique.

La part du transport dans l'économie de l'Afrique de l'Ouest était de 7,4% dans les années 2000, à égalité avec le Suriname (7,4%), le Honduras (7,4%), d'Aruba (7,4%).

Le transport par habitant en Afrique de l'Ouest était de 72.9 dollars dans les années 2000, à égalité avec l'Angola (74,3 de dollars), l'Ouzbékistan (71,2 de dollars). Le transport par habitant en Afrique de l'Ouest était 8,5 fois inférieur le transport par habitant au Monde (621,1 US$), et 26,7% inférieur le transport par habitant en Afrique (99,3 US$).

La croissance du transport en Afrique de l'Ouest était de 8.9% dans les années 2000, à égalité avec le Laos (8,8%), l'Iran (8,8%), la Chine (8,8%). La croissance du transport en Afrique de l'Ouest (8,9%) a été supérieure à celle du monde (3,9%), et supérieure à celle de l'Afrique (7,8%).

Comparaison avec les sous-régions. Le secteur du transport en Afrique de l'Ouest était supérieur à celui d'Afrique de l'Est (9,9 milliards de dollars) et de l'Afrique centrale (6,1 milliards de dollars); mais inférieur à celui de l'Afrique du Nord (32,6 milliards de dollars) et de l'Afrique australe (22,1 milliards de dollars). Le transport par habitant en Afrique de l'Ouest était supérieur à celui de l'Afrique centrale

(55,3 de dollars) et d'Afrique de l'Est (34,8 de dollars); mais inférieur à celui de l'Afrique australe (405,7 de dollars) et de l'Afrique du Nord (171,1 de dollars). La croissance du transport en Afrique de l'Ouest était supérieure à celle de l'Afrique du Nord (7,9%), d'Afrique de l'Est (7,5%), de l'Afrique centrale (7,0%) et de l'Afrique australe (5,6%).

Les leaders. Le secteur du transport en Afrique de l'Ouest dans les années 2000 comprenait: Nigeria (68,2%), Ghana (9,3%), Côte d'Ivoire (6,3%), Sénégal (4,9%), Mali (1,8%), autres (9,6%). La part du transport dans l'économie des leaders: Sénégal (9,3%), Ghana (8,3%), Côte d'Ivoire (7,8%), Nigeria (7,4%), Mali (6,2%). Le transport par habitant en Afrique de l'Ouest parmi les leaders: Nigeria (95,8 US$), Sénégal (85,4 US$), Ghana (83,0 US$), Côte d'Ivoire (66,9 US$), Mali (28,0 US$). La croissance du transport en Afrique de l'Ouest parmi les leaders: Nigeria (23,1%), Sénégal (11,1%), Ghana (6,2%), Mali (5,6%), Côte d'Ivoire (1,9%).

Les années 2010

La valeur du transport en Afrique de l'Ouest était de 70,0 milliards de dollars par an dans les années 2010. La part dans le monde était de 1,1% et de 34,5% en Afrique.

La part du transport dans l'économie de l'Afrique de l'Ouest était de 11,1% dans les années 2010, à égalité avec la Tchéquie (11,1%), la Polynésie (11,2%), les Palaos (11,2%).

Le transport par habitant en Afrique de l'Ouest était de 201.2 dollars dans les années 2010. Le transport par habitant en Afrique de l'Ouest était 4,3 fois inférieur le transport par habitant au Monde (864,8 US$), et 15,8% supérieur le transport par habitant en Afrique (173,7 US$).

La croissance du transport en Afrique de l'Ouest était de 2.9% dans les années 2010, à égalité avec la Nouvelle-Calédonie (2,8%), les Caraïbes (2,8%). La croissance du transport en Afrique de l'Ouest (2,9%) a été inférieure à celle du monde (4,0%), et inférieure à celle de l'Afrique (3,8%).

Comparaison avec les sous-régions. La valeur ajoutée du transport en Afrique de l'Ouest était 16,1% supérieure à celle de l'Afrique du Nord (60,3 milliards de dollars), 2,1 fois supérieure à celle de l'Afrique australe (33,5 milliards de dollars), 2,9 fois supérieure à celle d'Afrique de l'Est (24,5 milliards de dollars) et 4,8 fois supérieure à celle de l'Afrique centrale (14,6 milliards de dollars). Le transport par habitant en Afrique de l'Ouest était 2,1 fois supérieur à celui de l'Afrique centrale (95,8 de dollars) et 3,2 fois supérieur à celui d'Afrique de l'Est (63,7 de dollars); mais 2,7 fois inférieur à celui de l'Afrique australe (536,4 de dollars) et 26,1% inférieur à celui de l'Afrique du Nord (272,4 de dollars). La croissance du transport en Afrique de l'Ouest était supérieure à celle de l'Afrique australe (2,1%); mais inférieure à celle d'Afrique de l'Est (7,6%), de l'Afrique centrale (5,1%) et de l'Afrique du Nord (4,2%).

Les leaders. La valeur ajoutée du transport en Afrique de l'Ouest dans les années 2010 comprenait: Nigeria (77,1%), Côte d'Ivoire (7,0%), Ghana (6,3%), Sénégal (2,5%), Bénin (1,7%), autres (5,5%). La part du transport dans l'économie des leaders: Nigeria (12,1%), Côte d'Ivoire (12,1%), Bénin (11,7%), Sénégal (9,6%), Ghana (8,4%). Le transport par habitant en Afrique de l'Ouest parmi les leaders: Nigeria (301,1 US$), Côte d'Ivoire (213,0 US$), Ghana (160,3 US$), Sénégal (119,4 US$), Bénin (112,3 US$). La croissance du transport en Afrique de l'Ouest parmi les leaders: Ghana (9,1%), Bénin (8,9%), Nigeria (7,0%), Sénégal (4,3%), Côte d'Ivoire (-12,8%).

Chapitre VIII. Commerce

Commerce de gros et de détail; restaurants et hôtels (ISIC G-H)

Le secteur du commerce en Afrique de l'Ouest est passé de 11,6 milliards de dollars par an dans les années 1970 à 109,3 milliards de dollars par an dans les années 2010, c'est-à-dire 97,7 milliards de dollars ou de 9,4 fois. La variation a été de 58,6 milliards de dollars en raison de l'augmentation de 2,2 fois des prix, et de 16,8 milliards de dollars en raison de la croissance de productivité de 1,5 fois, et de 22,3 milliards de dollars en raison de la croissance démographique. La croissance annuelle moyenne du commerce était de 3,8%. La valeur minimale était de 4,4 milliards de dollars en 1970. La valeur maximale était de 131,2 milliards de dollars en 2014.

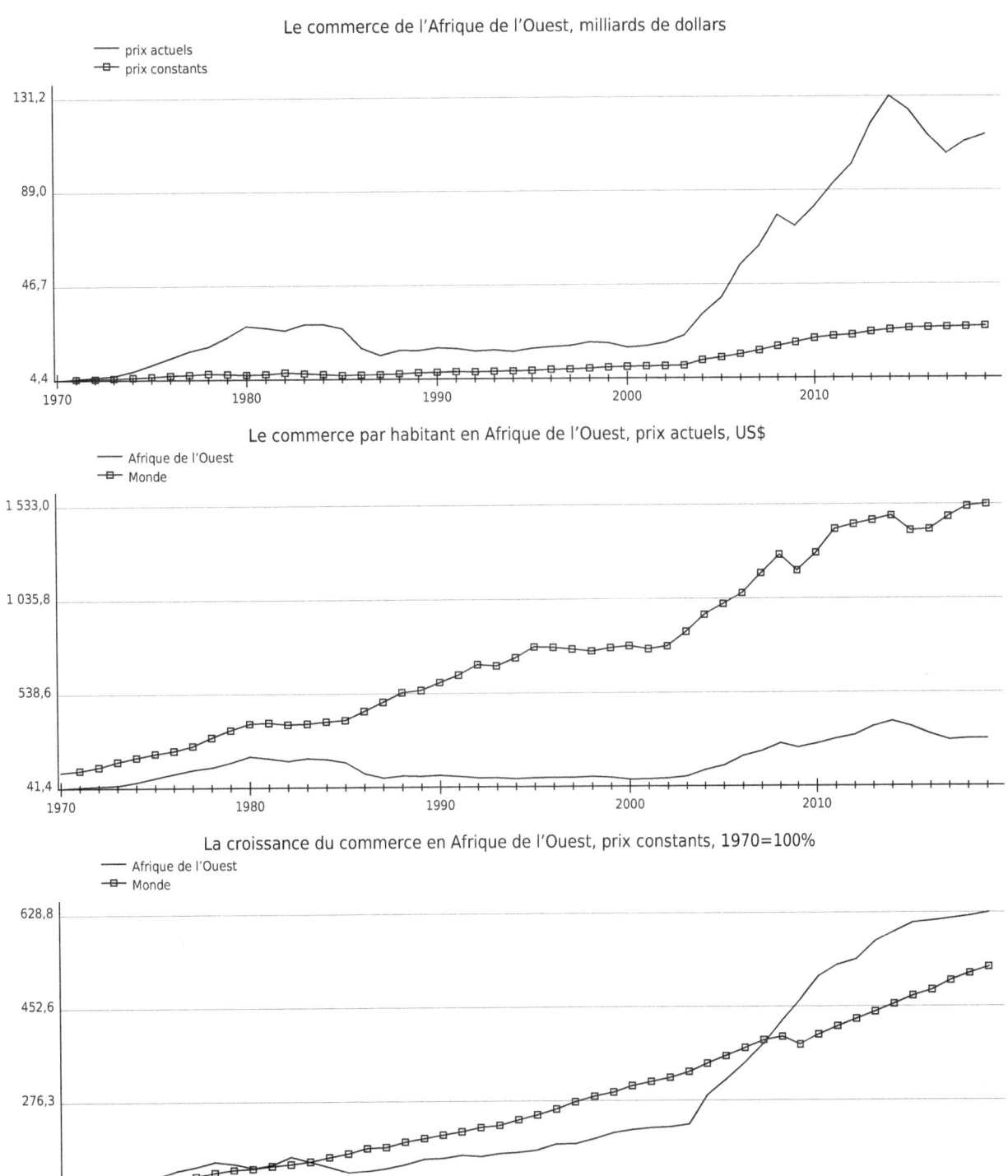

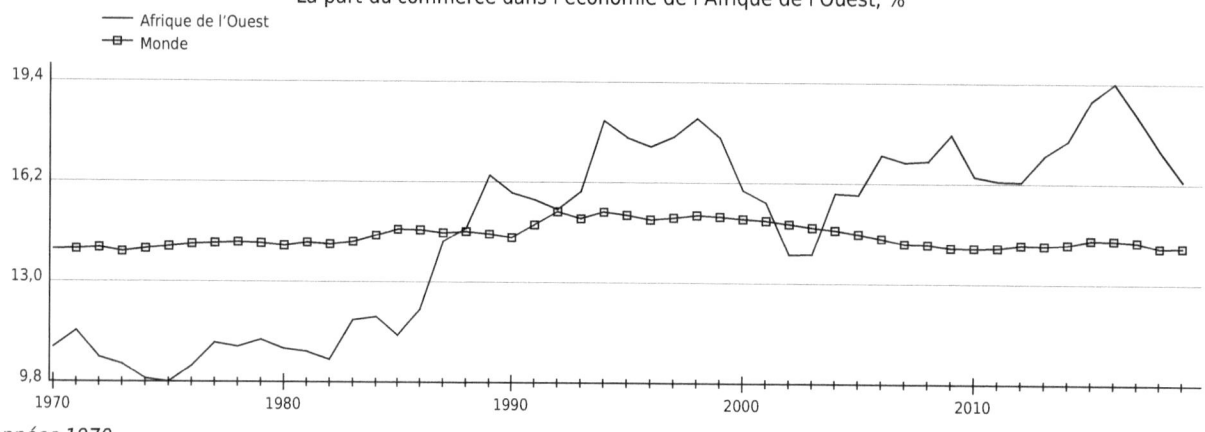

La part du commerce dans l'économie de l'Afrique de l'Ouest, %

Les années 1970

Le secteur du commerce en Afrique de l'Ouest était de 11,6 milliards de dollars par an dans les années 1970 à égalité avec les Pays-Bas (11,6 milliards de dollars), l'Australasie (11,8 milliards de dollars). La part dans le monde était de 1,3% et de 38,4% en Afrique.

La part du commerce dans l'économie de l'Afrique de l'Ouest était de 10,7% dans les années 1970, à égalité avec Macao (10,6%), Maurice (10,7%), d'Israël (10,7%).

Le commerce par habitant en Afrique de l'Ouest était de 97.4 dollars dans les années 1970, à égalité avec la Namibie (96,0 de dollars), l'Albanie (99,4 de dollars), la Guinée (99,8 de dollars). Le commerce par habitant en Afrique de l'Ouest était 2,3 fois inférieur le commerce par habitant au Monde (221,0 US$), et 32,0% supérieur le commerce par habitant en Afrique (73,8 US$).

La croissance du commerce en Afrique de l'Ouest était de 5.4% dans les années 1970, à égalité avec Chypre (5,4%), Cuba (5,4%). La croissance du commerce en Afrique de l'Ouest (5,4%) a été supérieure à celle du monde (4,5%), et supérieure à celle de l'Afrique (4,6%).

Comparaison avec les sous-régions. Le secteur du commerce en Afrique de l'Ouest était supérieur à celui de l'Afrique du Nord (6,7 milliards de dollars), de l'Afrique australe (4,6 milliards de dollars), d'Afrique de l'Est (4,1 milliards de dollars) et de l'Afrique centrale (3,3 milliards de dollars). Le commerce par habitant en Afrique de l'Ouest était supérieur à celui de l'Afrique centrale (71,7 de dollars), de l'Afrique du Nord (69,8 de dollars) et d'Afrique de l'Est (33,7 de dollars); mais inférieur à celui de l'Afrique australe (163,1 de dollars). La croissance du commerce en Afrique de l'Ouest était supérieure à celle de l'Afrique australe (2,8%), d'Afrique de l'Est (2,3%) et de l'Afrique centrale (1,8%); mais inférieure à celle de l'Afrique du Nord (7,7%).

Les leaders. Le commerce de l'Afrique de l'Ouest dans les années 1970 comprenait: Nigeria (72,8%), Côte d'Ivoire (8,2%), Guinée (3,8%), Ghana (3,2%), Sénégal (2,9%), autres (9,1%). La part du commerce dans l'économie des leaders: Guinée (33,8%), Côte d'Ivoire (23,7%), Sénégal (16,1%), Nigeria (9,5%), Ghana (7,1%). Le commerce par habitant en Afrique de l'Ouest parmi les leaders: Côte d'Ivoire (150,7 US$), Nigeria (134,2 US$), Guinée (99,8 US$), Sénégal (69,2 US$), Ghana (37,5 US$). La croissance du commerce en Afrique de l'Ouest parmi les leaders: Côte d'Ivoire (7,2%), Nigeria (4,7%), Guinée (3,0%), Sénégal (1,4%), Ghana (-0,97%).

Les années 1980

Le commerce de l'Afrique de l'Ouest était de 23,7 milliards de dollars par an dans les années 1980 à égalité avec l'Australie (23,9 milliards de dollars), les Pays-Bas (23,5 milliards de dollars). La part dans le monde était de 1,1% et de 36,0% en Afrique.

La part du commerce dans l'économie de l'Afrique de l'Ouest était de 11,9% dans les années 1980, à égalité avec l'Amérique du Sud (11,9%), l'Asie de l'Ouest (11,9%), l'Islande (11,9%).

Le commerce par habitant en Afrique de l'Ouest était de 151.9 dollars dans les années 1980, à égalité avec le Brésil (151,8 de dollars), l'Irak (152,2 de dollars), la Namibie (149,1 de dollars). Le commerce par habitant en Afrique de l'Ouest était 2,9 fois inférieur le commerce par habitant au Monde (437,7 US$), et 24,7% supérieur le commerce par habitant en Afrique (121,8 US$).

La croissance du commerce en Afrique de l'Ouest était de 0.5% dans les années 1980. La croissance du commerce en Afrique de l'Ouest (0,47%) a été inférieure à celle du monde (3,3%), et inférieure à celle de l'Afrique (2,7%).

Chapitre VIII. Commerce

Comparaison avec les sous-régions. La valeur du commerce en Afrique de l'Ouest était supérieure à celle de l'Afrique du Nord (18,5 milliards de dollars), de l'Afrique australe (10,2 milliards de dollars), d'Afrique de l'Est (8,2 milliards de dollars) et de l'Afrique centrale (5,4 milliards de dollars). Le commerce par habitant en Afrique de l'Ouest était supérieur à celui de l'Afrique du Nord (146,4 de dollars), de l'Afrique centrale (90,2 de dollars) et d'Afrique de l'Est (50,4 de dollars); mais inférieur à celui de l'Afrique australe (277,1 de dollars). La croissance du commerce en Afrique de l'Ouest était inférieure à celle de l'Afrique du Nord (4,9%), de l'Afrique australe (3,2%), de l'Afrique centrale (2,8%) et d'Afrique de l'Est (2,8%).

Les leaders. Le secteur du commerce en Afrique de l'Ouest dans les années 1980 comprenait: Nigeria (70,8%), Côte d'Ivoire (6,4%), Ghana (5,1%), Guinée (4,3%), Sénégal (2,8%), autres (10,5%). La part du commerce dans l'économie des leaders: Guinée (33,9%), Côte d'Ivoire (18,2%), Sénégal (15,2%), Ghana (14,1%), Nigeria (10,5%). Le commerce par habitant en Afrique de l'Ouest parmi les leaders: Nigeria (202,9 US$), Guinée (186,9 US$), Côte d'Ivoire (156,5 US$), Sénégal (104,9 US$), Ghana (95,9 US$). La croissance du commerce en Afrique de l'Ouest parmi les leaders: Nigeria (3,5%), Guinée (3,0%), Ghana (2,7%), Sénégal (2,4%), Côte d'Ivoire (-3,5%).

Les années 1990

La valeur ajoutée du commerce en Afrique de l'Ouest était de 18,5 milliards de dollars par an dans les années 1990 à égalité avec l'Afrique du Sud (18,5 milliards de dollars), le Portugal (18,3 milliards de dollars). La part dans le monde était de 0,45% et de 21,8% en Afrique.

La part du commerce dans l'économie de l'Afrique de l'Ouest était de 16,9% dans les années 1990, à égalité avec l'Italie (16,9%), le Viêt Nam (16,9%), la Turquie (16,9%).

Le commerce par habitant en Afrique de l'Ouest était de 91.1 dollars dans les années 1990, à égalité avec l'Asie centrale (89,9 de dollars), la Bosnie-Herzégovine (93,3 de dollars). Le commerce par habitant en Afrique de l'Ouest était 7,9 fois inférieur le commerce par habitant au Monde (721,8 US$), et 24,3% inférieur le commerce par habitant en Afrique (120,3 US$).

La croissance du commerce en Afrique de l'Ouest était de 2.5% dans les années 1990, à égalité avec le Tchad (2,5%), la Nouvelle-Zélande (2,5%). La croissance du commerce en Afrique de l'Ouest (2,5%) a été inférieure à celle du monde (3,5%), et inférieure à celle de l'Afrique (2,8%).

Comparaison avec les sous-régions. La valeur du commerce en Afrique de l'Ouest était supérieure à celle d'Afrique de l'Est (10,8 milliards de dollars) et de l'Afrique centrale (6,0 milliards de dollars); mais inférieure à celle de l'Afrique du Nord (30,2 milliards de dollars) et de l'Afrique australe (19,6 milliards de dollars). Le commerce par habitant en Afrique de l'Ouest était supérieur à celui de l'Afrique centrale (73,5 de dollars) et d'Afrique de l'Est (50,0 de dollars); mais inférieur à celui de l'Afrique australe (420,4 de dollars) et de l'Afrique du Nord (189,4 de dollars). La croissance du commerce en Afrique de l'Ouest était supérieure à celle de l'Afrique australe (2,1%) et de l'Afrique centrale (-1,3%); mais inférieure à celle de l'Afrique du Nord (4,3%) et d'Afrique de l'Est (3,9%).

Les leaders. La valeur ajoutée du commerce en Afrique de l'Ouest dans les années 1990 comprenait: Nigeria (48,7%), Côte d'Ivoire (10,6%), Ghana (9,8%), Guinée (8,5%), Sénégal (5,6%), autres (16,8%). La part du commerce dans l'économie des leaders: Guinée (31,7%), Côte d'Ivoire (17,9%), Nigeria (16,3%), Sénégal (15,7%), Ghana (13,2%). Le commerce par habitant en Afrique de l'Ouest parmi les leaders: Guinée (218,6 US$), Côte d'Ivoire (141,4 US$), Sénégal (120,4 US$), Ghana (108,5 US$), Nigeria (84,5 US$). La croissance du commerce en Afrique de l'Ouest parmi les leaders: Ghana (7,8%), Guinée (3,7%), Côte d'Ivoire (2,7%), Sénégal (2,5%), Nigeria (2,0%).

Les années 2000

Le secteur du commerce en Afrique de l'Ouest était de 42,6 milliards de dollars par an dans les années 2000. La part dans le monde était de 0,66% et de 28,6% en Afrique.

La part du commerce dans l'économie de l'Afrique de l'Ouest était de 16,4% dans les années 2000, à égalité avec le Japon (16,5%).

Le commerce par habitant en Afrique de l'Ouest était de 160.4 dollars dans les années 2000, à égalité avec Djibouti (162,7 de dollars), la république du Congo (163,7 de dollars), l'Afrique (164,0 de dollars). Le commerce par habitant en Afrique de l'Ouest était 6,2 fois inférieur le commerce par habitant au Monde (990,3 US$), et 2,2% inférieur le commerce par habitant en Afrique (164,0 US$).

La croissance du commerce en Afrique de l'Ouest était de 8% dans les années 2000, à égalité avec la Mongolie (7,9%), le Burkina Faso (8,0%). La croissance du commerce en Afrique de l'Ouest (8,0%) a été supérieure à celle du monde (2,7%), et supérieure à celle de l'Afrique (5,9%).

Comparaison avec les sous-régions. Le secteur du commerce en Afrique de l'Ouest était supérieur à celui de l'Afrique australe (30,3 milliards de dollars), d'Afrique de l'Est (17,0 milliards de dollars) et de l'Afrique centrale (13,0 milliards de dollars); mais inférieur à celui de l'Afrique du Nord (45,8 milliards de dollars). Le commerce par habitant en Afrique de l'Ouest était supérieur à celui de l'Afrique centrale (116,9 de dollars) et d'Afrique de l'Est (59,5 de dollars); mais inférieur à celui de l'Afrique australe (557,8 de dollars) et de l'Afrique du Nord (240,7 de dollars). La croissance du commerce en Afrique de l'Ouest était supérieure à celle de l'Afrique centrale (7,8%), d'Afrique de l'Est (5,6%), de l'Afrique du Nord (4,5%) et de l'Afrique australe (4,0%).

Les leaders. Le commerce de l'Afrique de l'Ouest dans les années 2000 comprenait: Nigeria (71,0%), Ghana (7,4%), Côte d'Ivoire (4,7%), Sénégal (3,8%), Guinée (2,7%), autres (10,5%). La part du commerce dans l'économie des leaders: Guinée (23,3%), Nigeria (17,0%), Sénégal (16,0%), Ghana (14,6%), Côte d'Ivoire (12,7%). Le commerce par habitant en Afrique de l'Ouest parmi les leaders: Nigeria (219,6 US$), Sénégal (147,0 US$), Ghana (146,0 US$), Guinée (124,7 US$), Côte d'Ivoire (109,6 US$). La croissance du commerce en Afrique de l'Ouest parmi les leaders: Nigeria (12,0%), Ghana (5,8%), Sénégal (3,0%), Guinée (1,3%), Côte d'Ivoire (0,80%).

Les années 2010

Le commerce de l'Afrique de l'Ouest était de 109,3 milliards de dollars par an dans les années 2010. La part dans le monde était de 1,0% et de 32,1% en Afrique.

La part du commerce dans l'économie de l'Afrique de l'Ouest était de 17,4% dans les années 2010, à égalité avec l'Éthiopie (17,4%), l'Autriche (17,3%), l'Ouganda (17,3%).

Le commerce par habitant en Afrique de l'Ouest était de 314.3 dollars dans les années 2010, à égalité avec les Tuvalu (313,6 de dollars), le Ghana (310,6 de dollars), la Libye (319,4 de dollars). Le commerce par habitant en Afrique de l'Ouest était 4,6 fois inférieur le commerce par habitant au Monde (1 436,8 US$), et 7,7% supérieur le commerce par habitant en Afrique (291,7 US$).

La croissance du commerce en Afrique de l'Ouest était de 3.1% dans les années 2010, à égalité avec l'Irlande (3,1%), Hong Kong (3,1%), la Bosnie-Herzégovine (3,1%). La croissance du commerce en Afrique de l'Ouest (3,1%) a été inférieure à celle du monde (3,3%), et inférieure à celle de l'Afrique (3,4%).

Comparaison avec les sous-régions. La valeur du commerce en Afrique de l'Ouest était 14,2% supérieure à celle de l'Afrique du Nord (95,7 milliards de dollars), 2,0 fois supérieure à celle de l'Afrique australe (53,4 milliards de dollars), 2,5 fois supérieure à celle d'Afrique de l'Est (44,0 milliards de dollars) et 2,9 fois supérieure à celle de l'Afrique centrale (38,4 milliards de dollars). Le commerce par habitant en Afrique de l'Ouest était 24,8% supérieur à celui de l'Afrique centrale (251,9 de dollars) et 2,7 fois supérieur à celui d'Afrique de l'Est (114,5 de dollars); mais 2,7 fois inférieur à celui de l'Afrique australe (853,8 de dollars) et 27,3% inférieur à celui de l'Afrique du Nord (432,5 de dollars). La croissance du commerce en Afrique de l'Ouest était supérieure à celle de l'Afrique centrale (2,9%) et de l'Afrique australe (2,3%); mais inférieure à celle d'Afrique de l'Est (6,7%) et de l'Afrique du Nord (3,2%).

Les leaders. Le secteur du commerce en Afrique de l'Ouest dans les années 2010 comprenait: Nigeria (74,4%), Ghana (7,8%), Côte d'Ivoire (5,2%), Sénégal (2,6%), Guinée (1,6%), autres (8,4%). La part du commerce dans l'économie des leaders: Guinée (21,6%), Nigeria (18,3%), Ghana (16,4%), Sénégal (15,6%), Côte d'Ivoire (13,9%). Le commerce par habitant en Afrique de l'Ouest parmi les leaders: Nigeria (454,3 US$), Ghana (310,6 US$), Côte d'Ivoire (244,8 US$), Sénégal (193,4 US$), Guinée (156,7 US$). La croissance du commerce en Afrique de l'Ouest parmi les leaders: Ghana (6,2%), Sénégal (5,1%), Guinée (4,3%), Nigeria (3,8%), Côte d'Ivoire (-5,8%).

Chapitre IX. Services

(ISIC J-P)

La valeur ajoutée des services en Afrique de l'Ouest est passé de 26,4 milliards de dollars par an dans les années 1970 à 148,9 milliards de dollars par an dans les années 2010, c'est-à-dire 122,5 milliards de dollars ou de 5,6 fois. La variation a été de -31,8 milliards de dollars en raison de la baisse de 1,2 fois du prix, et de 103,7 milliards de dollars en raison de la croissance de productivité de 2,3 fois, et de 50,6 milliards de dollars en raison de la croissance démographique. La croissance annuelle moyenne des services était de 5,3%. La valeur minimale était de 9,9 milliards de dollars en 1970. La valeur maximale était de 181,2 milliards de dollars en 2014.

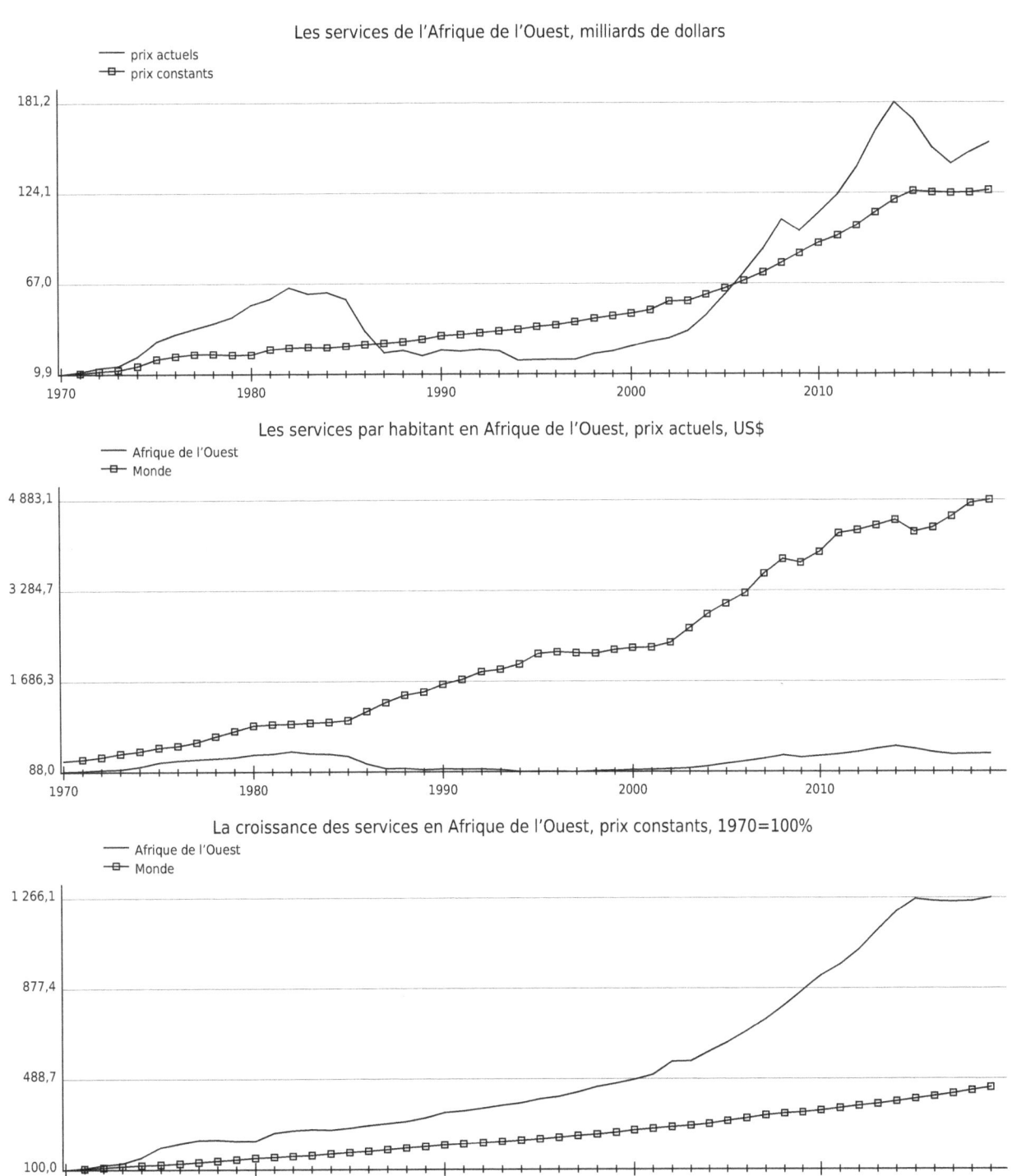

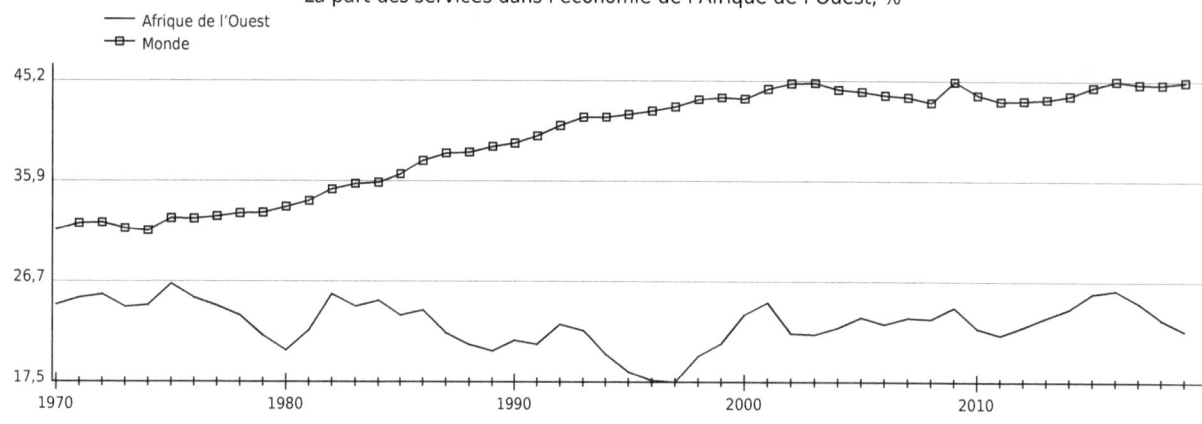

Les années 1970

Les services de l'Afrique de l'Ouest étaient de 26,4 milliards de dollars par an dans les années 1970. La part dans le monde était de 1,3% et de 41,2% en Afrique.

La part des services dans l'économie de l'Afrique de l'Ouest était de 24,2% dans les années 1970, à égalité avec l'Arabie saoudite (24,3%), le Maroc (24,4%).

Les services par habitant en Afrique de l'Ouest étaient de 221.4 dollars dans les années 1970, à égalité avec le Vanuatu (225,4 de dollars). Les services par habitant en Afrique de l'Ouest étaient 2,3 fois inférieures les services par habitant au Monde (506,9 US$), et 41,9% supérieures les services par habitant en Afrique (156,0 US$).

La croissance des services en Afrique de l'Ouest était de 9.3% dans les années 1970, à égalité avec le Malawi (9,2%). La croissance des services en Afrique de l'Ouest (9,3%) a été supérieure à celle du monde (4,1%), et supérieure à celle de l'Afrique (5,5%).

Comparaison avec les sous-régions. La valeur des services en Afrique de l'Ouest était supérieure à celle de l'Afrique du Nord (14,4 milliards de dollars), de l'Afrique australe (9,9 milliards de dollars), d'Afrique de l'Est (7,7 milliards de dollars) et de l'Afrique centrale (5,6 milliards de dollars). Les services par habitant en Afrique de l'Ouest étaient supérieures à celles de l'Afrique du Nord (149,1 de dollars), de l'Afrique centrale (122,2 de dollars) et d'Afrique de l'Est (63,9 de dollars); mais inférieures à celles de l'Afrique australe (352,6 de dollars). La croissance des services en Afrique de l'Ouest était supérieure à celle de l'Afrique du Nord (8,6%), d'Afrique de l'Est (5,1%), de l'Afrique australe (3,8%) et de l'Afrique centrale (1,2%).

Les leaders. La valeur ajoutée des services en Afrique de l'Ouest dans les années 1970 comprenait: Nigeria (84,5%), Ghana (3,7%), Côte d'Ivoire (2,8%), Sénégal (2,5%), Burkina Faso (1,1%), autres (5,3%). La part des services dans l'économie des leaders: Sénégal (31,9%), Burkina Faso (26,3%), Nigeria (25,1%), Ghana (18,7%), Côte d'Ivoire (18,5%). Les services par habitant en Afrique de l'Ouest parmi les leaders: Nigeria (354,0 US$), Sénégal (137,2 US$), Côte d'Ivoire (118,1 US$), Ghana (99,3 US$), Burkina Faso (48,3 US$). La croissance des services en Afrique de l'Ouest parmi les leaders: Nigeria (11,4%), Côte d'Ivoire (7,0%), Burkina Faso (6,7%), Ghana (2,8%), Sénégal (2,2%).

Les années 1980

Les services de l'Afrique de l'Ouest étaient de 46,2 milliards de dollars par an dans les années 1980 à égalité avec la Chine (47,3 milliards de dollars). La part dans le monde était de 0,86% et de 36,2% en Afrique.

La part des services dans l'économie de l'Afrique de l'Ouest était de 23,1% dans les années 1980, à égalité avec la Corée du Nord (23,2%), le Guyana (23,0%).

Les services par habitant en Afrique de l'Ouest étaient de 295.8 dollars dans les années 1980, à égalité avec le Honduras (293,7 de dollars), la Syrie (300,5 de dollars), Djibouti (300,6 de dollars). Les services par habitant en Afrique de l'Ouest étaient 3,8 fois inférieures les services par habitant au Monde (1 115,5 US$), et 25,5% supérieures les services par habitant en Afrique (235,7 US$).

La croissance des services en Afrique de l'Ouest était de 3.7% dans les années 1980, à égalité avec la Dominique (3,7%), la Finlande (3,7%). La croissance des services en Afrique de l'Ouest (3,7%) a été supérieure à celle du monde (3,3%), et inférieure à celle de l'Afrique (3,9%).

Chapitre IX. Services

Comparaison avec les sous-régions. Le secteur des services en Afrique de l'Ouest était supérieur à celui de l'Afrique du Nord (33,2 milliards de dollars), de l'Afrique australe (23,9 milliards de dollars), d'Afrique de l'Est (15,0 milliards de dollars) et de l'Afrique centrale (9,3 milliards de dollars). Les services par habitant en Afrique de l'Ouest étaient supérieures à celles de l'Afrique du Nord (263,4 de dollars), de l'Afrique centrale (154,8 de dollars) et d'Afrique de l'Est (92,5 de dollars); mais inférieures à celles de l'Afrique australe (651,1 de dollars). La croissance des services en Afrique de l'Ouest était supérieure à celle d'Afrique de l'Est (3,6%), de l'Afrique australe (3,4%) et de l'Afrique centrale (1,9%); mais inférieure à celle de l'Afrique du Nord (5,2%).

Les leaders. Le secteur des services en Afrique de l'Ouest dans les années 1980 comprenait: Nigeria (82,1%), Côte d'Ivoire (4,1%), Sénégal (3,3%), Ghana (2,3%), Burkina Faso (1,5%), autres (6,7%). La part des services dans l'économie des leaders: Sénégal (34,8%), Burkina Faso (29,7%), Nigeria (23,7%), Côte d'Ivoire (22,8%), Ghana (12,2%). Les services par habitant en Afrique de l'Ouest parmi les leaders: Nigeria (458,4 US$), Sénégal (240,6 US$), Côte d'Ivoire (196,4 US$), Burkina Faso (87,7 US$), Ghana (83,2 US$). La croissance des services en Afrique de l'Ouest parmi les leaders: Ghana (6,5%), Burkina Faso (6,3%), Nigeria (4,1%), Sénégal (3,3%), Côte d'Ivoire (-3,4%).

Les années 1990

La valeur des services en Afrique de l'Ouest était de 22,2 milliards de dollars par an dans les années 1990 à égalité avec la Nouvelle-Zélande (22,0 milliards de dollars). La part dans le monde était de 0,19% et de 14,4% en Afrique.

La part des services dans l'économie de l'Afrique de l'Ouest était de 20,2% dans les années 1990, à égalité avec l'Algérie (20,2%), le Burundi (20,2%), la Zambie (20,3%).

Les services par habitant en Afrique de l'Ouest étaient de 109.2 dollars dans les années 1990, à égalité avec le Yémen (109,9 de dollars), la Guinée équatoriale (110,4 de dollars), l'Asie du Sud (107,8 de dollars). Les services par habitant en Afrique de l'Ouest étaient 18,5 fois inférieures les services par habitant au Monde (2 014,6 US$), et 49,9% inférieures les services par habitant en Afrique (217,8 US$).

La croissance des services en Afrique de l'Ouest était de 3.9% dans les années 1990, à égalité avec la Syrie (3,9%), la Grenade (3,9%), Saint-Vincent-et-les-Grenadines (3,9%). La croissance des services en Afrique de l'Ouest (3,9%) a été supérieure à celle du monde (2,7%), et supérieure à celle de l'Afrique (2,6%).

Comparaison avec les sous-régions. Les services de l'Afrique de l'Ouest étaient supérieures à celles d'Afrique de l'Est (17,0 milliards de dollars) et de l'Afrique centrale (9,3 milliards de dollars); mais inférieures à celles de l'Afrique du Nord (53,8 milliards de dollars) et de l'Afrique australe (51,9 milliards de dollars). Les services par habitant en Afrique de l'Ouest étaient supérieures à celles d'Afrique de l'Est (78,7 de dollars); mais inférieures à celles de l'Afrique australe (1 113,5 de dollars), de l'Afrique du Nord (337,0 de dollars) et de l'Afrique centrale (112,9 de dollars). La croissance des services en Afrique de l'Ouest était supérieure à celle de l'Afrique du Nord (3,5%), d'Afrique de l'Est (2,5%), de l'Afrique australe (2,1%) et de l'Afrique centrale (-1,2%).

Les leaders. Les services de l'Afrique de l'Ouest dans les années 1990 comprennent: Nigeria (47,4%), Côte d'Ivoire (11,9%), Sénégal (9,7%), Ghana (9,1%), Burkina Faso (4,3%), autres (17,6%). La part des services dans l'économie des leaders: Sénégal (32,9%), Burkina Faso (31,5%), Côte d'Ivoire (24,0%), Nigeria (19,1%), Ghana (14,6%). Les services par habitant en Afrique de l'Ouest parmi les leaders: Sénégal (251,9 US$), Côte d'Ivoire (189,0 US$), Ghana (119,9 US$), Nigeria (98,7 US$), Burkina Faso (96,2 US$). La croissance des services en Afrique de l'Ouest parmi les leaders: Ghana (7,7%), Burkina Faso (4,3%), Nigeria (4,1%), Sénégal (3,3%), Côte d'Ivoire (2,4%).

Les années 2000

Le secteur des services en Afrique de l'Ouest était de 60,5 milliards de dollars par an dans les années 2000 à égalité avec l'Indonésie (59,1 milliards de dollars). La part dans le monde était de 0,31% et de 21,2% en Afrique.

La part des services dans l'économie de l'Afrique de l'Ouest était de 23,3% dans les années 2000, à égalité avec la Mongolie (23,3%), Madagascar (23,3%), le Nigeria (23,2%).

Les services par habitant en Afrique de l'Ouest étaient de 228 dollars dans les années 2000, à égalité avec la Mauritanie (227,8 de dollars), l'Asie du Sud (224,8 de dollars). Les services par habitant en Afrique de l'Ouest étaient 13,2 fois inférieures les services par habitant au Monde (3 011,2 US$), et 27,5% inférieures les services par habitant en Afrique (314,3 US$).

La croissance des services en Afrique de l'Ouest était de 6.3% dans les années 2000, à égalité avec le Laos (6,3%), le Turkménistan

(6,4%). La croissance des services en Afrique de l'Ouest (6,3%) a été supérieure à celle du monde (2,9%), et supérieure à celle de l'Afrique (5,1%).

Comparaison avec les sous-régions. La valeur ajoutée des services en Afrique de l'Ouest était supérieure à celle d'Afrique de l'Est (31,1 milliards de dollars) et de l'Afrique centrale (19,5 milliards de dollars); mais inférieure à celle de l'Afrique australe (88,7 milliards de dollars) et de l'Afrique du Nord (85,2 milliards de dollars). Les services par habitant en Afrique de l'Ouest étaient supérieures à celles de l'Afrique centrale (176,0 de dollars) et d'Afrique de l'Est (108,9 de dollars); mais inférieures à celles de l'Afrique australe (1 629,5 de dollars) et de l'Afrique du Nord (447,6 de dollars). La croissance des services en Afrique de l'Ouest était supérieure à celle d'Afrique de l'Est (5,7%), de l'Afrique du Nord (4,9%), de l'Afrique centrale (4,9%) et de l'Afrique australe (4,2%).

Les leaders. Le secteur des services en Afrique de l'Ouest dans les années 2000 comprenait: Nigeria (68,3%), Côte d'Ivoire (7,5%), Ghana (5,8%), Sénégal (5,5%), Burkina Faso (2,9%), autres (10,1%). La part des services dans l'économie des leaders: Sénégal (32,8%), Burkina Faso (31,9%), Côte d'Ivoire (28,8%), Nigeria (23,2%), Ghana (16,2%). Les services par habitant en Afrique de l'Ouest parmi les leaders: Sénégal (301,0 US$), Nigeria (300,3 US$), Côte d'Ivoire (248,3 US$), Ghana (162,3 US$), Burkina Faso (131,6 US$). La croissance des services en Afrique de l'Ouest parmi les leaders: Nigeria (6,8%), Ghana (6,1%), Burkina Faso (5,1%), Sénégal (3,8%), Côte d'Ivoire (0,50%).

Les années 2010

La valeur ajoutée des services en Afrique de l'Ouest était de 148,9 milliards de dollars par an dans les années 2010 à égalité avec l'Iran (148,7 milliards de dollars), le Danemark (146,7 milliards de dollars), d'Israël (146,1 milliards de dollars). La part dans le monde était de 0,45% et de 24,1% en Afrique.

La part des services dans l'économie de l'Afrique de l'Ouest était de 23,7% dans les années 2010, à égalité avec le Pakistan (23,6%), le Malawi (23,7%).

Les services par habitant en Afrique de l'Ouest étaient de 428.1 dollars dans les années 2010, à égalité avec le Lesotho (426,3 de dollars). Les services par habitant en Afrique de l'Ouest étaient 10,4 fois inférieures les services par habitant au Monde (4 467,8 US$), et 19,0% inférieures les services par habitant en Afrique (528,2 US$).

La croissance des services en Afrique de l'Ouest était de 3.9% dans les années 2010, à égalité avec le Cap-Vert (3,9%). La croissance des services en Afrique de l'Ouest (3,9%) a été supérieure à celle du monde (2,7%), et supérieure à celle de l'Afrique (3,4%).

Comparaison avec les sous-régions. La valeur des services en Afrique de l'Ouest était 94,6% supérieure à celle d'Afrique de l'Est (76,6 milliards de dollars) et 3,1 fois supérieure à celle de l'Afrique centrale (48,2 milliards de dollars); mais 22,2% inférieure à celle de l'Afrique du Nord (191,4 milliards de dollars) et 2,0% inférieure à celle de l'Afrique australe (152,0 milliards de dollars). Les services par habitant en Afrique de l'Ouest étaient 35,2% supérieures à celles de l'Afrique centrale (316,7 de dollars) et 2,1 fois supérieures à celles d'Afrique de l'Est (199,3 de dollars); mais 5,7 fois inférieures à celles de l'Afrique australe (2 431,4 de dollars) et 2,0 fois inférieures à celles de l'Afrique du Nord (864,5 de dollars). La croissance des services en Afrique de l'Ouest était supérieure à celle de l'Afrique du Nord (3,1%), de l'Afrique centrale (2,7%) et de l'Afrique australe (2,4%); mais inférieure à celle d'Afrique de l'Est (6,0%).

Les leaders. La valeur des services en Afrique de l'Ouest dans les années 2010 comprenait: Nigeria (69,5%), Côte d'Ivoire (8,2%), Ghana (6,6%), Sénégal (3,9%), Burkina Faso (2,4%), autres (9,3%). La part des services dans l'économie des leaders: Sénégal (32,9%), Côte d'Ivoire (30,4%), Burkina Faso (29,9%), Nigeria (23,3%), Ghana (18,7%). Les services par habitant en Afrique de l'Ouest parmi les leaders: Nigeria (578,2 US$), Côte d'Ivoire (533,1 US$), Sénégal (407,8 US$), Ghana (355,0 US$), Burkina Faso (201,6 US$). La croissance des services en Afrique de l'Ouest parmi les leaders: Burkina Faso (7,5%), Ghana (5,7%), Sénégal (4,8%), Nigeria (3,2%), Côte d'Ivoire (-11,4%).

Partie III. Relations extérieures

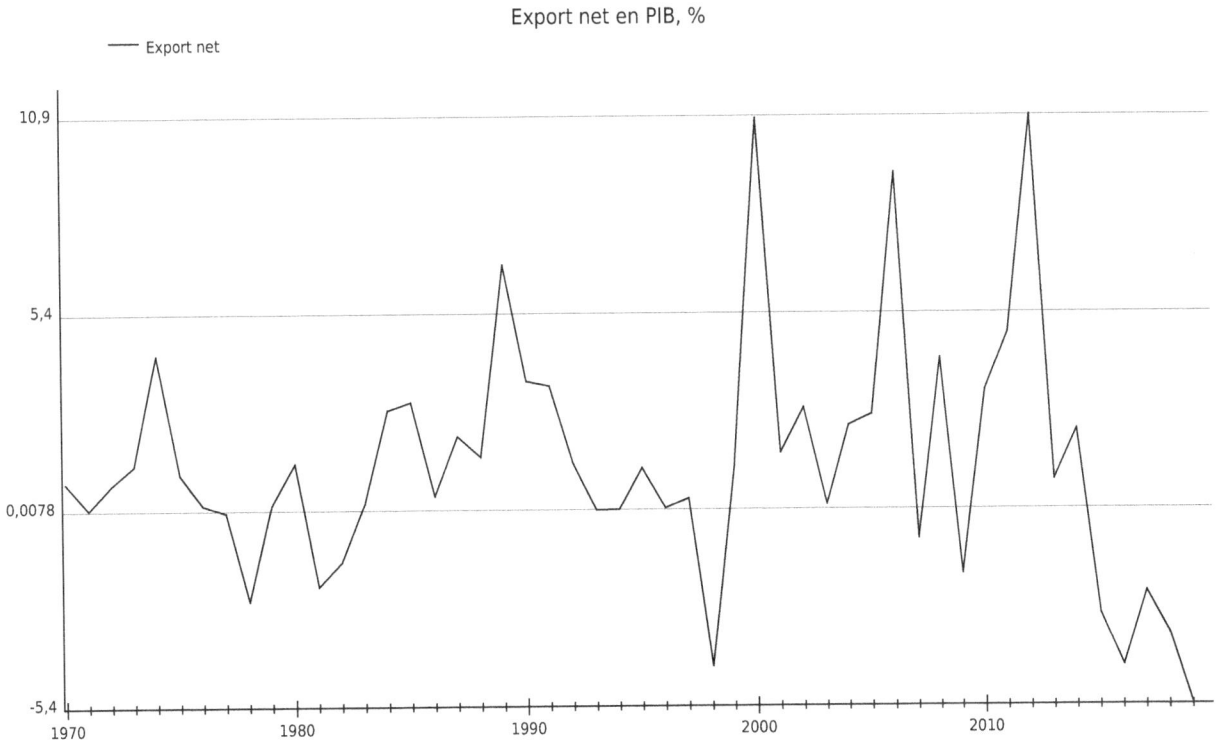

Chapitre X. Exportations

Les exportations de l'Afrique de l'Ouest sont passés de 12,1 milliards de dollars par an dans les années 1970 à 140,0 milliards de dollars par an dans les années 2010, c'est-à-dire 127,9 milliards de dollars ou de 11,6 fois. La variation a été de 75,5 milliards de dollars en raison de l'augmentation de 2,2 fois des prix, et de 29,2 milliards de dollars en raison de la croissance du taux par habitant de 1,8 fois, et de 23,2 milliards de dollars en raison de la croissance démographique. La croissance annuelle moyenne des exportations était de 4,5%. La valeur minimale était de 4,1 milliards de dollars en 1970. La valeur maximale était de 199,9 milliards de dollars en 2012.

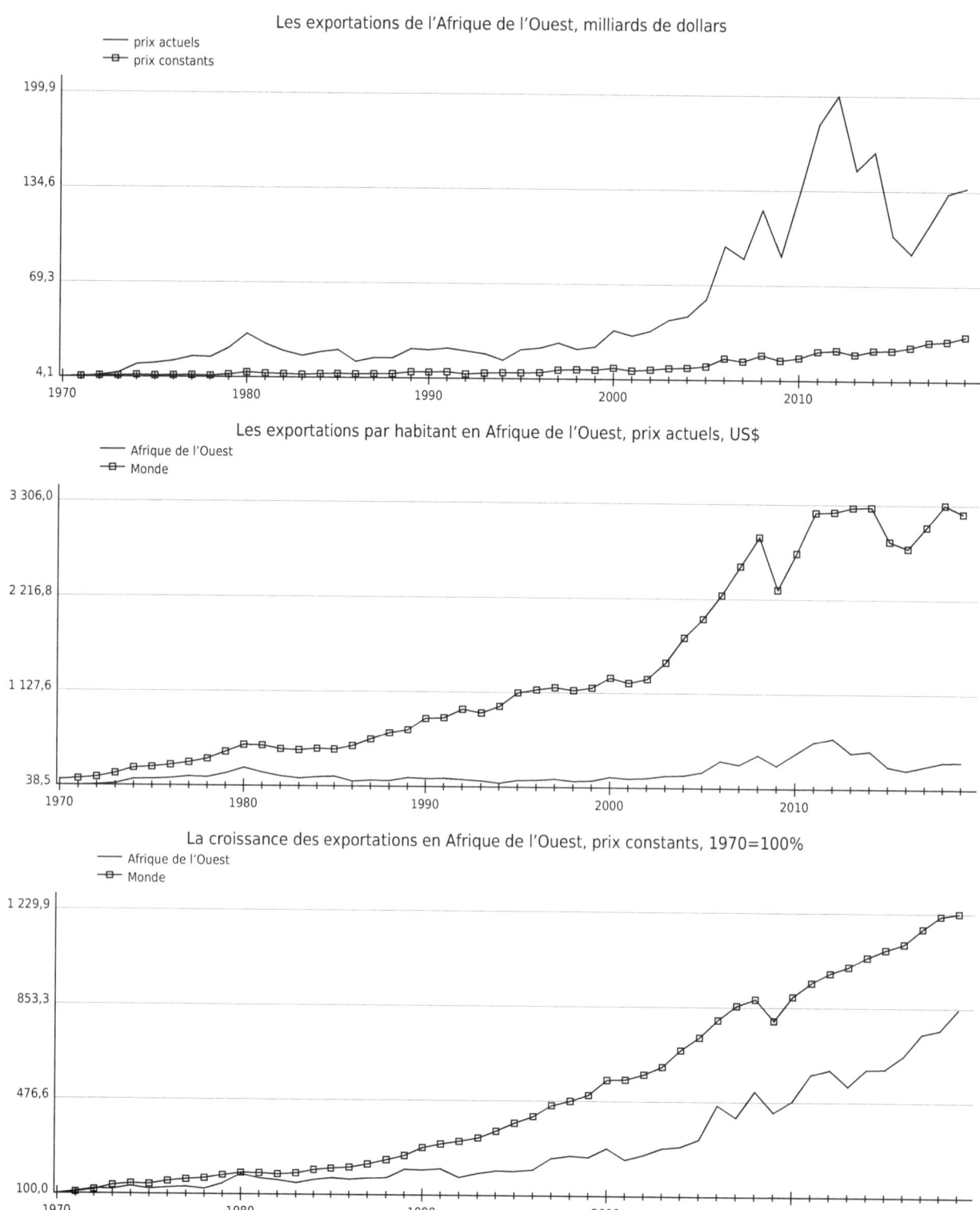

Chapitre X. Exportations

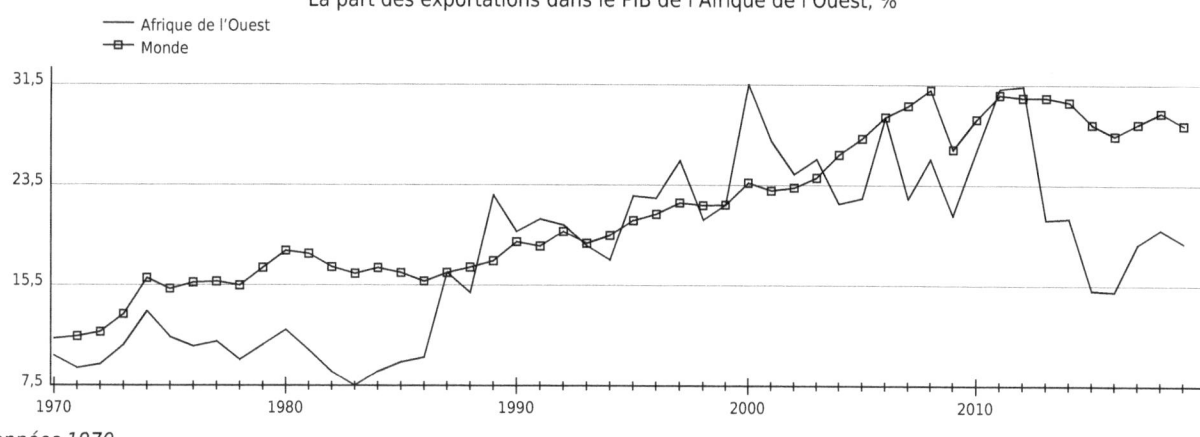

Les années 1970

Les exportations de l'Afrique de l'Ouest étaient de 12,1 milliards de dollars par an dans les années 1970 à égalité avec l'Amérique centrale (12,3 milliards de dollars). La part dans le monde était de 1,2% et de 21,6% en Afrique.

La part des exportations dans le PIB de l'Afrique de l'Ouest était de 10,7% dans les années 1970.

Les exportations par habitant en Afrique de l'Ouest étaient de 101.6 dollars dans les années 1970, à égalité avec le Sénégal (100,5 de dollars), le Togo (100,4 de dollars). Les exportations par habitant en Afrique de l'Ouest étaient 2,4 fois inférieures les exportations par habitant au Monde (242,1 US$), et 25,8% inférieures les exportations par habitant en Afrique (137,0 US$).

La croissance des exportations en Afrique de l'Ouest était de 4% dans les années 1970. La croissance des exportations en Afrique de l'Ouest (4,0%) a été inférieure à celle du monde (6,5%), et inférieure à celle de l'Afrique (5,7%).

Comparaison avec les sous-régions. Les exportations de l'Afrique de l'Ouest étaient supérieures à celles de l'Afrique australe (10,8 milliards de dollars), de l'Afrique centrale (7,2 milliards de dollars) et d'Afrique de l'Est (6,1 milliards de dollars); mais inférieures à celles de l'Afrique du Nord (20,0 milliards de dollars). Les exportations par habitant en Afrique de l'Ouest étaient supérieures à celles d'Afrique de l'Est (50,2 de dollars); mais inférieures à celles de l'Afrique australe (382,8 de dollars), de l'Afrique du Nord (207,6 de dollars) et de l'Afrique centrale (158,0 de dollars). La croissance des exportations en Afrique de l'Ouest était supérieure à celle d'Afrique de l'Est (1,8%) et de l'Afrique australe (1,3%); mais inférieure à celle de l'Afrique du Nord (6,9%) et de l'Afrique centrale (5,0%).

Les leaders. La valeur des exportations en Afrique de l'Ouest dans les années 1970 comprenait: Nigeria (62,0%), Côte d'Ivoire (13,7%), Sénégal (4,0%), Ghana (3,5%), Liberia (3,1%), autres (13,6%). La part des exportations dans le PIB des leaders: Liberia (67,0%), Côte d'Ivoire (39,2%), Sénégal (21,2%), Ghana (8,5%), Nigeria (8,1%). Les exportations par habitant en Afrique de l'Ouest parmi les leaders: Côte d'Ivoire (263,7 US$), Liberia (238,4 US$), Nigeria (119,2 US$), Sénégal (100,5 US$), Ghana (43,4 US$). La croissance des exportations en Afrique de l'Ouest parmi les leaders: Nigeria (6,9%), Côte d'Ivoire (4,0%), Sénégal (1,5%), Liberia (-1,1%), Ghana (-4,6%).

Les années 1980

Les exportations de l'Afrique de l'Ouest étaient de 22,1 milliards de dollars par an dans les années 1980 à égalité avec le Brésil (22,4 milliards de dollars). La part dans le monde était de 0,86% et de 20,3% en Afrique.

La part des exportations dans le PIB de l'Afrique de l'Ouest était de 10,9% dans les années 1980, à égalité avec les Amériques (10,9%).

Les exportations par habitant en Afrique de l'Ouest étaient de 141.7 dollars dans les années 1980, à égalité avec le Sénégal (142,2 de dollars), l'Indonésie (144,1 de dollars). Les exportations par habitant en Afrique de l'Ouest étaient 3,7 fois inférieures les exportations par habitant au Monde (529,9 US$), et 29,6% inférieures les exportations par habitant en Afrique (201,4 US$).

La croissance des exportations en Afrique de l'Ouest était de 3.5% dans les années 1980, à égalité avec les Caraïbes (3,5%), le Gabon (3,5%). La croissance des exportations en Afrique de l'Ouest (3,5%) a été inférieure à celle du monde (3,8%), et supérieure à celle de l'Afrique (-0,87%).

Comparaison avec les sous-régions. La valeur des exportations en Afrique de l'Ouest était supérieure à celle de l'Afrique centrale (13,5 milliards de dollars) et d'Afrique de l'Est (9,1 milliards de dollars); mais inférieure à celle de l'Afrique du Nord (38,8 milliards de dollars) et de l'Afrique australe (25,5 milliards de dollars). Les exportations par habitant en Afrique de l'Ouest étaient supérieures à celles d'Afrique de l'Est (56,1 de dollars); mais inférieures à celles de l'Afrique australe (695,6 de dollars), de l'Afrique du Nord (307,7 de dollars) et de l'Afrique centrale (224,2 de dollars). La croissance des exportations en Afrique de l'Ouest était supérieure à celle d'Afrique de l'Est (2,4%), de l'Afrique australe (1,8%) et de l'Afrique du Nord (-2,4%); mais inférieure à celle de l'Afrique centrale (5,0%).

Les leaders. Les exportations de l'Afrique de l'Ouest dans les années 1980 comprennent: Nigeria (61,3%), Côte d'Ivoire (14,3%), Sénégal (4,1%), Ghana (2,6%), Togo (2,5%), autres (15,2%). La part des exportations dans le PIB des leaders: Togo (46,0%), Côte d'Ivoire (36,4%), Sénégal (19,3%), Nigeria (8,3%), Ghana (6,7%). Les exportations par habitant en Afrique de l'Ouest parmi les leaders: Côte d'Ivoire (325,1 US$), Togo (172,6 US$), Nigeria (163,8 US$), Sénégal (142,2 US$), Ghana (46,1 US$). La croissance des exportations en Afrique de l'Ouest parmi les leaders: Côte d'Ivoire (6,9%), Nigeria (3,6%), Togo (2,8%), Sénégal (2,1%), Ghana (0,58%).

Les années 1990

Les exportations de l'Afrique de l'Ouest étaient de 23,7 milliards de dollars par an dans les années 1990 à égalité avec les Philippines (23,9 milliards de dollars). La part dans le monde était de 0,40% et de 16,5% en Afrique.

La part des exportations dans le PIB de l'Afrique de l'Ouest était de 21,1% dans les années 1990, à égalité avec l'Andorre (21,1%), l'Espagne (21,0%).

Les exportations par habitant en Afrique de l'Ouest étaient de 116.3 dollars dans les années 1990, à égalité avec le Nigeria (114,1 de dollars), les Kiribati (113,9 de dollars), le Togo (119,3 de dollars). Les exportations par habitant en Afrique de l'Ouest étaient 8,9 fois inférieures les exportations par habitant au Monde (1 029,5 US$), et 42,5% inférieures les exportations par habitant en Afrique (202,1 US$).

La croissance des exportations en Afrique de l'Ouest était de 2.3% dans les années 1990, à égalité avec l'Albanie (2,3%). La croissance des exportations en Afrique de l'Ouest (2,3%) a été inférieure à celle du monde (6,9%), et inférieure à celle de l'Afrique (2,5%).

Comparaison avec les sous-régions. La valeur des exportations en Afrique de l'Ouest était supérieure à celle de l'Afrique centrale (17,6 milliards de dollars) et d'Afrique de l'Est (13,9 milliards de dollars); mais inférieure à celle de l'Afrique du Nord (51,3 milliards de dollars) et de l'Afrique australe (36,7 milliards de dollars). Les exportations par habitant en Afrique de l'Ouest étaient supérieures à celles d'Afrique de l'Est (64,3 de dollars); mais inférieures à celles de l'Afrique australe (787,6 de dollars), de l'Afrique du Nord (321,0 de dollars) et de l'Afrique centrale (214,0 de dollars). La croissance des exportations en Afrique de l'Ouest était supérieure à celle de l'Afrique du Nord (1,2%); mais inférieure à celle de l'Afrique centrale (7,3%), d'Afrique de l'Est (5,9%) et de l'Afrique australe (4,4%).

Les leaders. La valeur des exportations en Afrique de l'Ouest dans les années 1990 comprenait: Nigeria (51,5%), Côte d'Ivoire (17,2%), Ghana (6,7%), Sénégal (5,6%), Gambie (2,6%), autres (16,4%). La part des exportations dans le PIB des leaders: Gambie (47,2%), Côte d'Ivoire (35,4%), Nigeria (21,9%), Sénégal (19,0%), Ghana (11,2%). Les exportations par habitant en Afrique de l'Ouest parmi les leaders: Gambie (543,2 US$), Côte d'Ivoire (291,8 US$), Sénégal (154,4 US$), Nigeria (114,1 US$), Ghana (95,2 US$). La croissance des exportations en Afrique de l'Ouest parmi les leaders: Ghana (8,8%), Côte d'Ivoire (5,7%), Gambie (3,6%), Sénégal (2,9%), Nigeria (0,11%).

Les années 2000

Les exportations de l'Afrique de l'Ouest étaient de 65,5 milliards de dollars par an dans les années 2000 à égalité avec Porto Rico (65,1 milliards de dollars), l'Afrique du Sud (64,1 milliards de dollars). La part dans le monde était de 0,52% et de 18,1% en Afrique.

La part des exportations dans le PIB de l'Afrique de l'Ouest était de 24,5% dans les années 2000, à égalité avec le Mozambique (24,5%), le Mali (24,7%).

Les exportations par habitant en Afrique de l'Ouest étaient de 246.7 dollars dans les années 2000, à égalité avec la Zambie (248,3 de dollars). Les exportations par habitant en Afrique de l'Ouest étaient 7,8 fois inférieures les exportations par habitant au Monde (1 933,7 US$), et 38,1% inférieures les exportations par habitant en Afrique (398,4 US$).

La croissance des exportations en Afrique de l'Ouest était de 5.5% dans les années 2000, à égalité avec le Luxembourg (5,6%). La croissance des exportations en Afrique de l'Ouest (5,5%) a été supérieure à celle du monde (4,8%), et supérieure à celle de l'Afrique (5,3%).

Chapitre X. Exportations

Comparaison avec les sous-régions. Les exportations de l'Afrique de l'Ouest étaient supérieures à celles de l'Afrique centrale (52,5 milliards de dollars) et d'Afrique de l'Est (28,6 milliards de dollars); mais inférieures à celles de l'Afrique du Nord (141,1 milliards de dollars) et de l'Afrique australe (73,6 milliards de dollars). Les exportations par habitant en Afrique de l'Ouest étaient supérieures à celles d'Afrique de l'Est (100,2 de dollars); mais inférieures à celles de l'Afrique australe (1 352,2 de dollars), de l'Afrique du Nord (741,0 de dollars) et de l'Afrique centrale (473,2 de dollars). La croissance des exportations en Afrique de l'Ouest était supérieure à celle de l'Afrique australe (2,0%); mais inférieure à celle d'Afrique de l'Est (8,6%), de l'Afrique centrale (5,9%) et de l'Afrique du Nord (5,6%).

Les leaders. La valeur des exportations en Afrique de l'Ouest dans les années 2000 comprenait: Nigeria (65,7%), Côte d'Ivoire (12,2%), Ghana (6,7%), Sénégal (3,4%), Mali (2,3%), autres (9,6%). La part des exportations dans le PIB des leaders: Côte d'Ivoire (47,1%), Mali (24,7%), Nigeria (23,9%), Sénégal (20,4%), Ghana (19,6%). Les exportations par habitant en Afrique de l'Ouest parmi les leaders: Côte d'Ivoire (439,3 US$), Nigeria (312,6 US$), Sénégal (204,8 US$), Ghana (203,6 US$), Mali (120,2 US$). La croissance des exportations en Afrique de l'Ouest parmi les leaders: Mali (8,9%), Ghana (8,4%), Nigeria (7,2%), Sénégal (2,2%), Côte d'Ivoire (1,0%).

Les années 2010

La valeur des exportations en Afrique de l'Ouest était de 140,0 milliards de dollars par an dans les années 2010. La part dans le monde était de 0,62% et de 22,4% en Afrique.

La part des exportations dans le PIB de l'Afrique de l'Ouest était de 21,6% dans les années 2010, à égalité avec l'Ouzbékistan (21,7%), l'Australie (21,4%).

Les exportations par habitant en Afrique de l'Ouest étaient de 402.5 dollars dans les années 2010. Les exportations par habitant en Afrique de l'Ouest étaient 7,7 fois inférieures les exportations par habitant au Monde (3 098,9 US$), et 24,7% inférieures les exportations par habitant en Afrique (534,3 US$).

La croissance des exportations en Afrique de l'Ouest était de 6.9% dans les années 2010, à égalité avec le Maroc (6,9%), la République dominicaine (6,9%). La croissance des exportations en Afrique de l'Ouest (6,9%) a été supérieure à celle du monde (4,4%), et supérieure à celle de l'Afrique (-1,2%).

Comparaison avec les sous-régions. Les exportations de l'Afrique de l'Ouest étaient 13,6% supérieures à celles de l'Afrique australe (123,2 milliards de dollars), 38,5% supérieures à celles de l'Afrique centrale (101,1 milliards de dollars) et 2,0 fois supérieures à celles d'Afrique de l'Est (68,9 milliards de dollars); mais 26,7% inférieures à celles de l'Afrique du Nord (191,0 milliards de dollars). Les exportations par habitant en Afrique de l'Ouest étaient 2,2 fois supérieures à celles d'Afrique de l'Est (179,3 de dollars); mais 4,9 fois inférieures à celles de l'Afrique australe (1 971,2 de dollars), 2,1 fois inférieures à celles de l'Afrique du Nord (862,9 de dollars) et 39,4% inférieures à celles de l'Afrique centrale (663,8 de dollars). La croissance des exportations en Afrique de l'Ouest était supérieure à celle d'Afrique de l'Est (4,4%), de l'Afrique australe (2,3%), de l'Afrique centrale (0,20%) et de l'Afrique du Nord (-6,3%).

Les leaders. La valeur des exportations en Afrique de l'Ouest dans les années 2010 comprenait: Nigeria (59,8%), Ghana (12,4%), Côte d'Ivoire (9,3%), Sénégal (3,1%), Burkina Faso (2,5%), autres (12,8%). La part des exportations dans le PIB des leaders: Ghana (30,9%), Côte d'Ivoire (30,1%), Burkina Faso (26,1%), Sénégal (22,1%), Nigeria (18,7%). Les exportations par habitant en Afrique de l'Ouest parmi les leaders: Ghana (631,6 US$), Côte d'Ivoire (567,2 US$), Nigeria (467,8 US$), Sénégal (302,0 US$), Burkina Faso (193,8 US$). La croissance des exportations en Afrique de l'Ouest parmi les leaders: Ghana (12,1%), Burkina Faso (10,5%), Sénégal (8,2%), Nigeria (6,1%), Côte d'Ivoire (1,8%).

Chapitre XI. Importations

Les importations de l'Afrique de l'Ouest sont passés de 11,8 milliards de dollars par an dans les années 1970 à 138,5 milliards de dollars par an dans les années 2010, c'est-à-dire 126,7 milliards de dollars ou de 11,7 fois. La variation a été de 119,0 milliards de dollars en raison de l'augmentation de 7,1 fois des prix, et de -15,0 milliards de dollars en raison de la baisse du taux par habitant de 1,8 fois, et de 22,7 milliards de dollars en raison de la croissance démographique. La croissance annuelle moyenne des importations était de 2,5%. La valeur minimale était de 3,8 milliards de dollars en 1970. La valeur maximale était de 176,2 milliards de dollars en 2019.

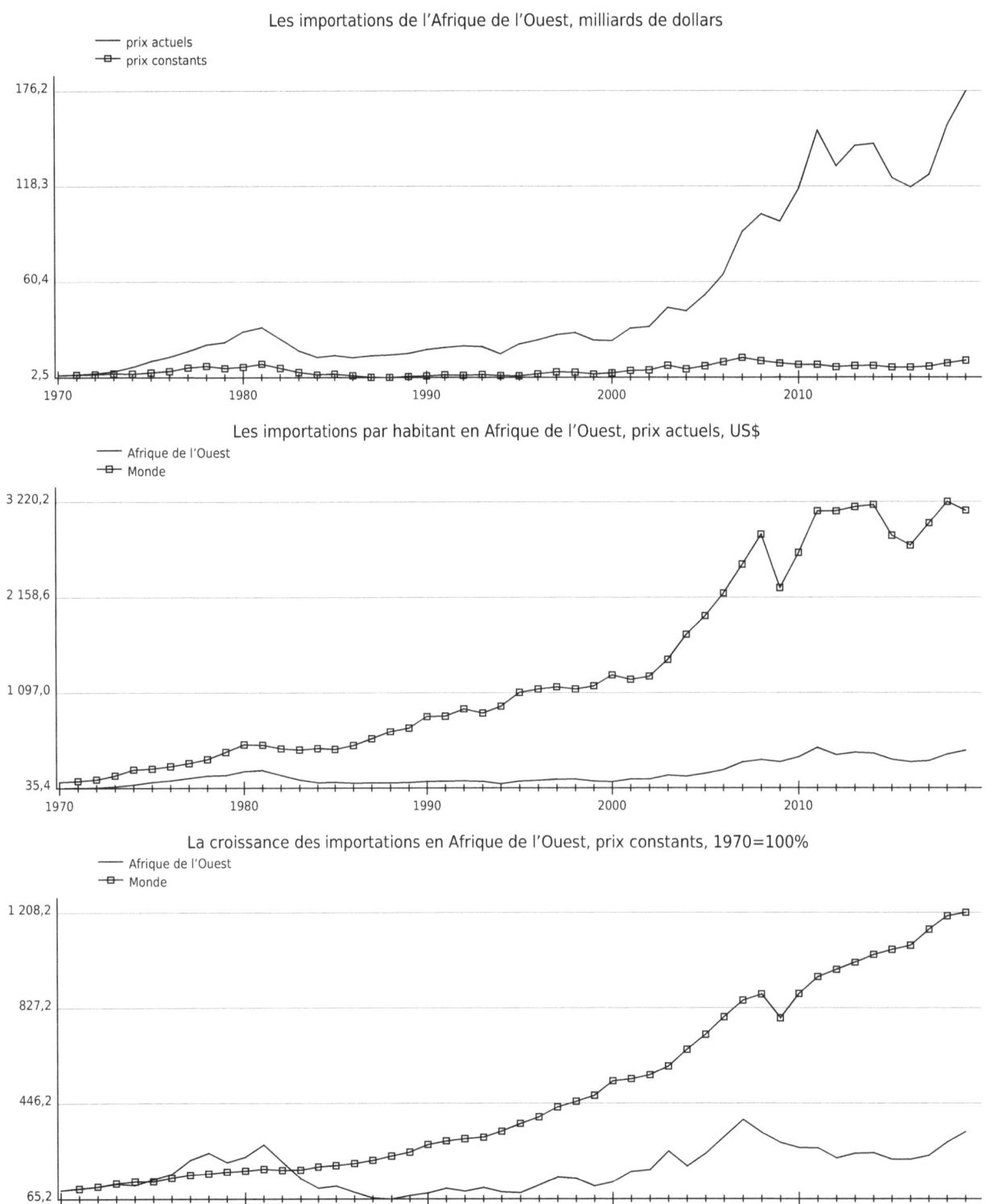

Chapitre XI. Importations

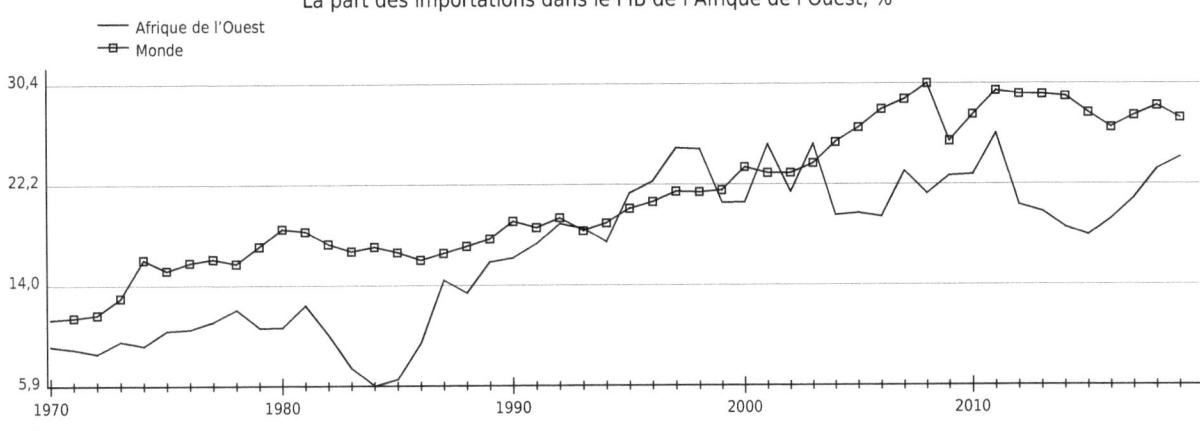

Les années 1970

La valeur des importations en Afrique de l'Ouest était de 11,8 milliards de dollars par an dans les années 1970 à égalité avec l'Autriche (11,8 milliards de dollars), l'Iran (11,9 milliards de dollars), la Norvège (12,0 milliards de dollars). La part dans le monde était de 1,2% et de 20,2% en Afrique.

La part des importations dans le PIB de l'Afrique de l'Ouest était de 10,5% dans les années 1970, à égalité avec les Amériques (10,4%).

Les importations par habitant en Afrique de l'Ouest étaient de 99.3 dollars dans les années 1970, à égalité avec le Nigeria (99,6 de dollars), la Turquie (98,7 de dollars), la République centrafricaine (101,7 de dollars). Les importations par habitant en Afrique de l'Ouest étaient 2,5 fois inférieures les importations par habitant au Monde (244,3 US$), et 30,3% inférieures les importations par habitant en Afrique (142,6 US$).

La croissance des importations en Afrique de l'Ouest était de 8.7% dans les années 1970, à égalité avec le Burundi (8,7%). La croissance des importations en Afrique de l'Ouest (8,7%) a été supérieure à celle du monde (6,3%), et supérieure à celle de l'Afrique (6,7%).

Comparaison avec les sous-régions. La valeur des importations en Afrique de l'Ouest était supérieure à celle de l'Afrique australe (10,1 milliards de dollars), de l'Afrique centrale (8,9 milliards de dollars) et d'Afrique de l'Est (7,9 milliards de dollars); mais inférieure à celle de l'Afrique du Nord (19,8 milliards de dollars). Les importations par habitant en Afrique de l'Ouest étaient supérieures à celles d'Afrique de l'Est (65,6 de dollars); mais inférieures à celles de l'Afrique australe (357,7 de dollars), de l'Afrique du Nord (204,9 de dollars) et de l'Afrique centrale (195,3 de dollars). La croissance des importations en Afrique de l'Ouest était supérieure à celle de l'Afrique du Nord (8,6%), de l'Afrique centrale (2,7%), d'Afrique de l'Est (1,9%) et de l'Afrique australe (0,28%).

Les leaders. Les importations de l'Afrique de l'Ouest dans les années 1970 comprennent: Nigeria (53,0%), Côte d'Ivoire (14,0%), Sénégal (4,4%), Ghana (3,6%), Liberia (3,0%), autres (22,0%). La part des importations dans le PIB des leaders: Liberia (62,9%), Côte d'Ivoire (39,0%), Sénégal (22,6%), Ghana (8,5%), Nigeria (6,8%). Les importations par habitant en Afrique de l'Ouest parmi les leaders: Côte d'Ivoire (262,0 US$), Liberia (223,9 US$), Sénégal (107,2 US$), Nigeria (99,6 US$), Ghana (43,4 US$). La croissance des importations en Afrique de l'Ouest parmi les leaders: Nigeria (10,1%), Côte d'Ivoire (6,0%), Sénégal (4,1%), Liberia (3,6%), Ghana (-5,0%).

Les années 1980

Les importations de l'Afrique de l'Ouest étaient de 20,0 milliards de dollars par an dans les années 1980 à égalité avec l'Indonésie (20,2 milliards de dollars), l'Iran (20,4 milliards de dollars). La part dans le monde était de 0,77% et de 17,8% en Afrique.

La part des importations dans le PIB de l'Afrique de l'Ouest était de 9,8% dans les années 1980.

Les importations par habitant en Afrique de l'Ouest étaient de 128.2 dollars dans les années 1980, à égalité avec d'Haïti (126,2 de dollars). Les importations par habitant en Afrique de l'Ouest étaient 4,2 fois inférieures les importations par habitant au Monde (539,1 US$), et 38,3% inférieures les importations par habitant en Afrique (208,0 US$).

La croissance des importations en Afrique de l'Ouest était de -9.5% dans les années 1980. La croissance des importations en Afrique de l'Ouest (-9,5%) a été inférieure à celle du monde (3,8%), et inférieure à celle de l'Afrique (-3,1%).

Comparaison avec les sous-régions. Les importations de l'Afrique de l'Ouest étaient supérieures à celles de l'Afrique centrale (14,8 milliards de dollars) et d'Afrique de l'Est (13,0 milliards de dollars); mais inférieures à celles de l'Afrique du Nord (42,7 milliards de dollars) et de l'Afrique australe (22,1 milliards de dollars). Les importations par habitant en Afrique de l'Ouest étaient supérieures à celles d'Afrique de l'Est (80,3 de dollars); mais inférieures à celles de l'Afrique australe (601,7 de dollars), de l'Afrique du Nord (338,6 de dollars) et de l'Afrique centrale (245,4 de dollars). La croissance des importations en Afrique de l'Ouest était inférieure à celle de l'Afrique australe (2,1%), d'Afrique de l'Est (1,6%), de l'Afrique centrale (-0,17%) et de l'Afrique du Nord (-1,0%).

Les leaders. Les importations de l'Afrique de l'Ouest dans les années 1980 comprennent: Nigeria (47,8%), Côte d'Ivoire (14,8%), Sénégal (5,6%), Ghana (3,3%), Togo (3,3%), autres (25,1%). La part des importations dans le PIB des leaders: Togo (54,4%), Côte d'Ivoire (34,1%), Sénégal (23,9%), Ghana (7,6%), Nigeria (5,9%). Les importations par habitant en Afrique de l'Ouest parmi les leaders: Côte d'Ivoire (304,9 US$), Togo (204,5 US$), Sénégal (176,0 US$), Nigeria (115,7 US$), Ghana (52,3 US$). La croissance des importations en Afrique de l'Ouest parmi les leaders: Sénégal (1,7%), Togo (-0,20%), Ghana (-1,2%), Côte d'Ivoire (-2,5%), Nigeria (-12,0%).

Les années 1990

Les importations de l'Afrique de l'Ouest étaient de 22,9 milliards de dollars par an dans les années 1990. La part dans le monde était de 0,40% et de 15,3% en Afrique.

La part des importations dans le PIB de l'Afrique de l'Ouest était de 20,4% dans les années 1990, à égalité avec la Tanzanie (20,4%), l'Australasie (20,2%), le Monde (20,2%).

Les importations par habitant en Afrique de l'Ouest étaient de 112.5 dollars dans les années 1990, à égalité avec le Laos (114,3 de dollars). Les importations par habitant en Afrique de l'Ouest étaient 9,0 fois inférieures les importations par habitant au Monde (1 015,5 US$), et 46,8% inférieures les importations par habitant en Afrique (211,4 US$).

La croissance des importations en Afrique de l'Ouest était de 4.1% dans les années 1990, à égalité avec le Maroc (4,1%). La croissance des importations en Afrique de l'Ouest (4,1%) a été inférieure à celle du monde (6,6%), et supérieure à celle de l'Afrique (3,8%).

Comparaison avec les sous-régions. La valeur des importations en Afrique de l'Ouest était supérieure à celle d'Afrique de l'Est (19,2 milliards de dollars) et de l'Afrique centrale (16,8 milliards de dollars); mais inférieure à celle de l'Afrique du Nord (56,7 milliards de dollars) et de l'Afrique australe (34,1 milliards de dollars). Les importations par habitant en Afrique de l'Ouest étaient supérieures à celles d'Afrique de l'Est (88,8 de dollars); mais inférieures à celles de l'Afrique australe (731,8 de dollars), de l'Afrique du Nord (355,1 de dollars) et de l'Afrique centrale (204,0 de dollars). La croissance des importations en Afrique de l'Ouest était supérieure à celle de l'Afrique du Nord (1,0%); mais inférieure à celle de l'Afrique centrale (10,3%), d'Afrique de l'Est (6,0%) et de l'Afrique australe (4,6%).

Les leaders. La valeur des importations en Afrique de l'Ouest dans les années 1990 comprenait: Nigeria (36,5%), Côte d'Ivoire (15,0%), Ghana (10,7%), Sénégal (6,7%), Guinée (4,6%), autres (26,5%). La part des importations dans le PIB des leaders: Côte d'Ivoire (29,8%), Guinée (22,3%), Sénégal (22,1%), Ghana (17,2%), Nigeria (15,0%). Les importations par habitant en Afrique de l'Ouest parmi les leaders: Côte d'Ivoire (245,9 US$), Sénégal (179,2 US$), Guinée (146,9 US$), Ghana (145,9 US$), Nigeria (78,2 US$). La croissance des importations en Afrique de l'Ouest parmi les leaders: Ghana (10,4%), Côte d'Ivoire (5,7%), Sénégal (3,4%), Nigeria (3,3%), Guinée (2,9%).

Les années 2000

La valeur des importations en Afrique de l'Ouest était de 58,3 milliards de dollars par an dans les années 2000 à égalité avec d'Israël (57,6 milliards de dollars). La part dans le monde était de 0,47% et de 17,4% en Afrique.

La part des importations dans le PIB de l'Afrique de l'Ouest était de 21,8% dans les années 2000, à égalité avec le Pérou (21,8%), la Russie (21,7%), l'Australie (21,6%).

Les importations par habitant en Afrique de l'Ouest étaient de 219.9 dollars dans les années 2000, à égalité avec le Liberia (220,5 de dollars). Les importations par habitant en Afrique de l'Ouest étaient 8,6 fois inférieures les importations par habitant au Monde (1 899,9 US$), et 40,5% inférieures les importations par habitant en Afrique (369,3 US$).

La croissance des importations en Afrique de l'Ouest était de 9.6% dans les années 2000, à égalité avec l'Est (9,5%), l'Équateur (9,5%), la Jordanie (9,6%). La croissance des importations en Afrique de l'Ouest (9,6%) a été supérieure à celle du monde (5,1%), et supérieure à celle de l'Afrique (7,6%).

Chapitre XI. Importations

Comparaison avec les sous-régions. Les importations de l'Afrique de l'Ouest étaient supérieures à celles de l'Afrique centrale (40,3 milliards de dollars) et d'Afrique de l'Est (40,2 milliards de dollars); mais inférieures à celles de l'Afrique du Nord (121,9 milliards de dollars) et de l'Afrique australe (74,0 milliards de dollars). Les importations par habitant en Afrique de l'Ouest étaient supérieures à celles d'Afrique de l'Est (140,8 de dollars); mais inférieures à celles de l'Afrique australe (1 360,4 de dollars), de l'Afrique du Nord (640,5 de dollars) et de l'Afrique centrale (363,9 de dollars). La croissance des importations en Afrique de l'Ouest était supérieure à celle de l'Afrique du Nord (7,3%), de l'Afrique australe (5,3%) et de l'Afrique centrale (5,1%); mais inférieure à celle d'Afrique de l'Est (10,8%).

Les leaders. Les importations de l'Afrique de l'Ouest dans les années 2000 comprennent: Nigeria (48,7%), Ghana (11,8%), Côte d'Ivoire (11,3%), Sénégal (6,3%), Mali (3,4%), autres (18,4%). La part des importations dans le PIB des leaders: Côte d'Ivoire (38,8%), Sénégal (33,6%), Mali (32,6%), Ghana (30,6%), Nigeria (15,8%). Les importations par habitant en Afrique de l'Ouest parmi les leaders: Côte d'Ivoire (361,7 US$), Sénégal (336,9 US$), Ghana (317,5 US$), Nigeria (206,6 US$), Mali (158,9 US$). La croissance des importations en Afrique de l'Ouest parmi les leaders: Nigeria (11,9%), Mali (10,9%), Ghana (5,3%), Sénégal (4,1%), Côte d'Ivoire (2,9%).

Les années 2010

Les importations de l'Afrique de l'Ouest étaient de 138,5 milliards de dollars par an dans les années 2010 à égalité avec la Norvège (136,2 milliards de dollars). La part dans le monde était de 0,63% et de 20,0% en Afrique.

La part des importations dans le PIB de l'Afrique de l'Ouest était de 21,4% dans les années 2010, à égalité avec l'Australie (21,2%).

Les importations par habitant en Afrique de l'Ouest étaient de 398.2 dollars dans les années 2010, à égalité avec les Comores (404,4 de dollars), le Yémen (405,4 de dollars). Les importations par habitant en Afrique de l'Ouest étaient 7,6 fois inférieures les importations par habitant au Monde (3 015,6 US$), et 32,8% inférieures les importations par habitant en Afrique (592,1 US$).

La croissance des importations en Afrique de l'Ouest était de 1.4% dans les années 2010. La croissance des importations en Afrique de l'Ouest (1,4%) a été inférieure à celle du monde (4,4%), et inférieure à celle de l'Afrique (2,0%).

Comparaison avec les sous-régions. La valeur des importations en Afrique de l'Ouest était 8,5% supérieure à celle de l'Afrique australe (127,7 milliards de dollars), 27,5% supérieure à celle d'Afrique de l'Est (108,7 milliards de dollars) et 66,9% supérieure à celle de l'Afrique centrale (83,0 milliards de dollars); mais 40,8% inférieure à celle de l'Afrique du Nord (233,9 milliards de dollars). Les importations par habitant en Afrique de l'Ouest étaient 40,7% supérieures à celles d'Afrique de l'Est (282,9 de dollars); mais 5,1 fois inférieures à celles de l'Afrique australe (2 042,8 de dollars), 2,7 fois inférieures à celles de l'Afrique du Nord (1 056,3 de dollars) et 27,0% inférieures à celles de l'Afrique centrale (545,2 de dollars). La croissance des importations en Afrique de l'Ouest était supérieure à celle de l'Afrique centrale (-1,8%); mais inférieure à celle d'Afrique de l'Est (5,6%), de l'Afrique australe (3,5%) et de l'Afrique du Nord (1,6%).

Les leaders. La valeur des importations en Afrique de l'Ouest dans les années 2010 comprenait: Nigeria (48,2%), Ghana (15,2%), Côte d'Ivoire (8,6%), Sénégal (5,1%), Mali (3,6%), autres (19,4%). La part des importations dans le PIB des leaders: Ghana (37,3%), Sénégal (35,9%), Mali (35,4%), Côte d'Ivoire (27,4%), Nigeria (14,9%). Les importations par habitant en Afrique de l'Ouest parmi les leaders: Ghana (762,2 US$), Côte d'Ivoire (516,0 US$), Sénégal (491,8 US$), Nigeria (372,7 US$), Mali (289,1 US$). La croissance des importations en Afrique de l'Ouest parmi les leaders: Mali (8,4%), Ghana (7,9%), Sénégal (7,2%), Côte d'Ivoire (4,7%), Nigeria (-1,9%).

Partie IV. Consommation

Chapitre XII. Dépenses publiques

Dépenses de consommation des administrations publiques

Les dépenses publiques de l'Afrique de l'Ouest sont passés de 4,3 milliards de dollars par an dans les années 1970 à 55,4 milliards de dollars par an dans les années 2010, c'est-à-dire 51,1 milliards de dollars ou de 12,9 fois. La variation a été de 32,6 milliards de dollars en raison de l'augmentation de 2,4 fois des prix, et de 10,3 milliards de dollars en raison de la croissance du taux par habitant de 1,8 fois, et de 8,2 milliards de dollars en raison de la croissance démographique. La croissance annuelle moyenne des dépenses publiques était de 4,3%. La valeur minimale était de 1,7 milliards de dollars en 1970. La valeur maximale était de 62,5 milliards de dollars en 2014.

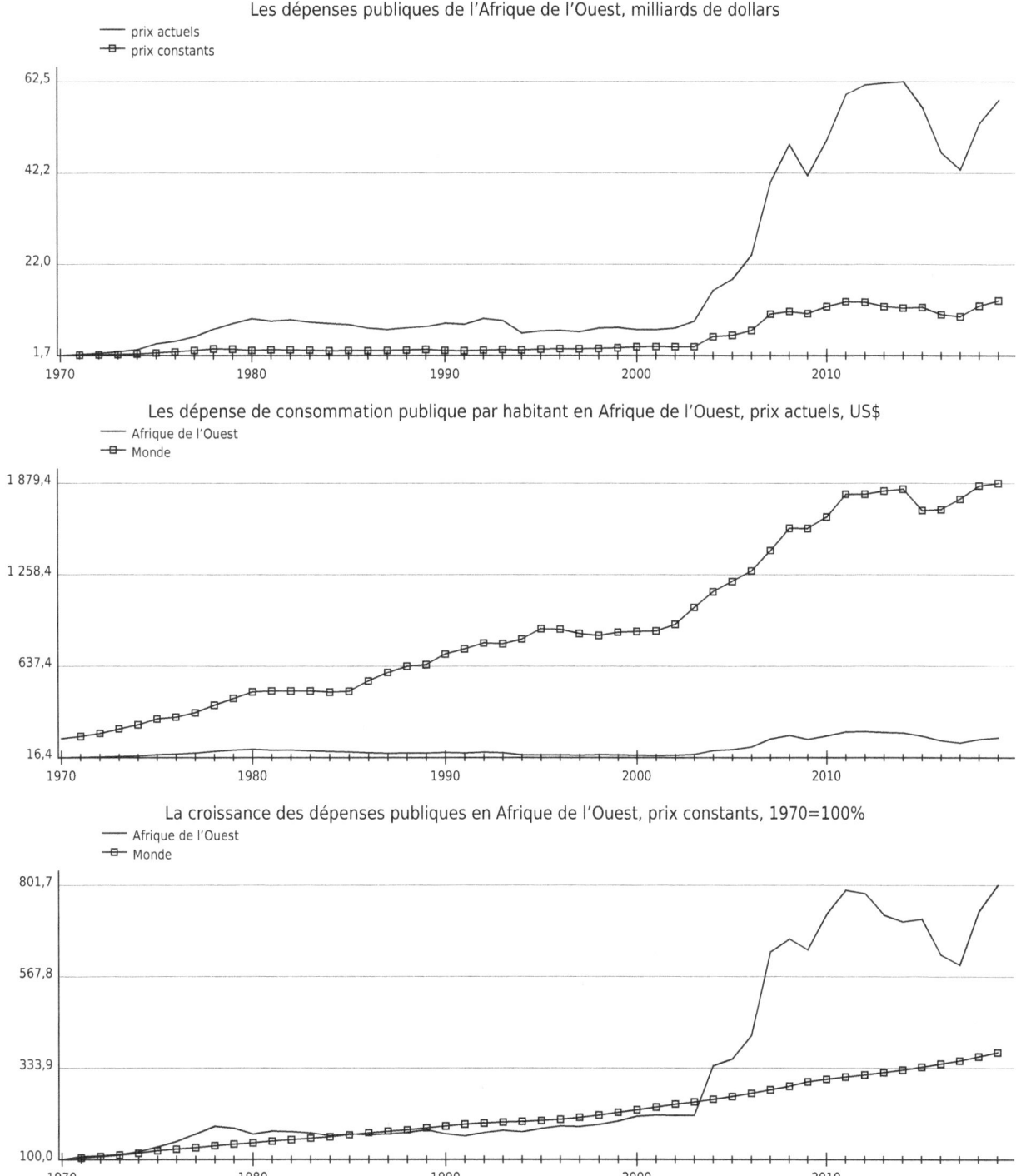

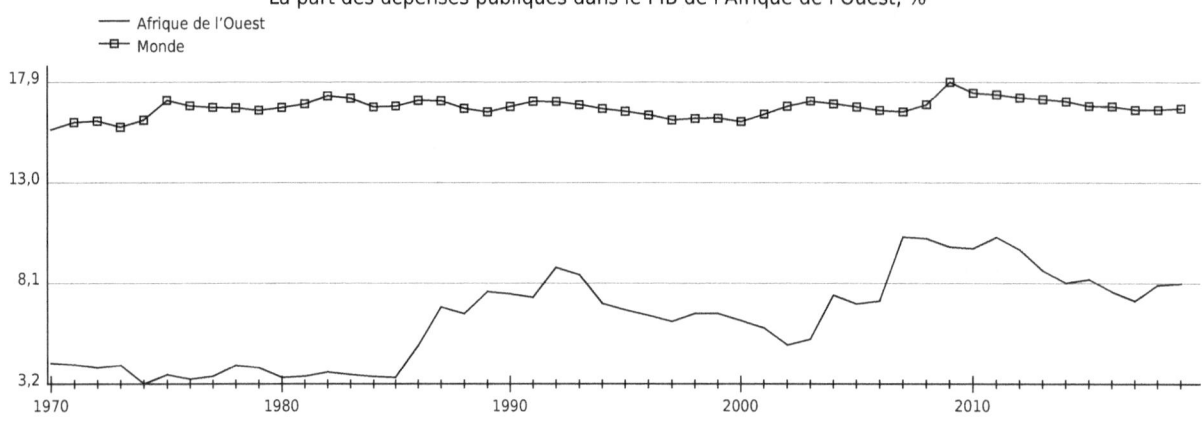

Les années 1970

Les dépense publique de l'Afrique de l'Ouest étaient de 4,3 milliards de dollars par an dans les années 1970 à égalité avec la Finlande (4,3 milliards de dollars), l'Afrique centrale (4,4 milliards de dollars). La part dans le monde était de 0,40% et de 13,6% en Afrique.

La part des dépenses publiques dans le PIB de l'Afrique de l'Ouest était de 3,8% dans les années 1970.

Les dépense de consommation publique par habitant en Afrique de l'Ouest étaient de 36.1 dollars dans les années 1970, à égalité avec la Guinée équatoriale (36,1 de dollars), le Niger (36,2 de dollars). Les dépense publique par habitant en Afrique de l'Ouest étaient 7,4 fois inférieures les dépense publique par habitant au Monde (265,2 US$), et 2,1 fois inférieures les dépense de consommation publique par habitant en Afrique (77,1 US$).

La croissance des dépenses publiques en Afrique de l'Ouest était de 6.8% dans les années 1970, à égalité avec l'Éthiopie (6,7%), le Groenland (6,8%), la Yougoslavie (6,8%). La croissance des dépenses publiques en Afrique de l'Ouest (6,8%) a été supérieure à celle du monde (3,7%), et supérieure à celle de l'Afrique (4,9%).

Comparaison avec les sous-régions. Les dépenses publiques de l'Afrique de l'Ouest étaient inférieures à celles de l'Afrique du Nord (10,7 milliards de dollars), d'Afrique de l'Est (6,9 milliards de dollars), de l'Afrique australe (5,4 milliards de dollars) et de l'Afrique centrale (4,4 milliards de dollars). Les dépense publique par habitant en Afrique de l'Ouest étaient inférieures à celles de l'Afrique australe (189,9 de dollars), de l'Afrique du Nord (111,3 de dollars), de l'Afrique centrale (95,9 de dollars) et d'Afrique de l'Est (56,8 de dollars). La croissance des dépenses publiques en Afrique de l'Ouest était supérieure à celle d'Afrique de l'Est (6,0%), de l'Afrique australe (5,2%) et de l'Afrique centrale (-1,0%); mais inférieure à celle de l'Afrique du Nord (7,3%).

Les leaders. Les dépense de consommation publique de l'Afrique de l'Ouest dans les années 1970 comprennent: Nigeria (37,4%), Côte d'Ivoire (16,0%), Sénégal (8,2%), Ghana (6,6%), Mauritanie (6,2%), autres (25,7%). La part des dépenses publiques dans le PIB des leaders: Mauritanie (29,0%), Côte d'Ivoire (16,2%), Sénégal (15,3%), Ghana (5,6%), Nigeria (1,7%). Les dépense publique par habitant en Afrique de l'Ouest parmi les leaders: Mauritanie (202,9 US$), Côte d'Ivoire (109,0 US$), Sénégal (72,4 US$), Ghana (28,8 US$), Nigeria (25,5 US$). La croissance des dépenses publiques en Afrique de l'Ouest parmi les leaders: Mauritanie (10,4%), Côte d'Ivoire (9,3%), Nigeria (8,7%), Ghana (5,4%), Sénégal (4,8%).

Les années 1980

Les dépense de consommation publique de l'Afrique de l'Ouest étaient de 8,7 milliards de dollars par an dans les années 1980 à égalité avec l'Algérie (8,6 milliards de dollars). La part dans le monde était de 0,34% et de 12,5% en Afrique.

La part des dépenses publiques dans le PIB de l'Afrique de l'Ouest était de 4,3% dans les années 1980, à égalité avec le Ghana (4,3%).

Les dépense de consommation publique par habitant en Afrique de l'Ouest étaient de 55.7 dollars dans les années 1980, à égalité avec l'Indonésie (57,0 de dollars), la république démocratique du Congo (54,4 de dollars), le Bénin (57,1 de dollars). Les dépenses publiques par habitant en Afrique de l'Ouest étaient 9,4 fois inférieures les dépense publique par habitant au Monde (523,5 US$), et 2,3 fois inférieures les dépenses publiques par habitant en Afrique (128,3 US$).

La croissance des dépenses publiques en Afrique de l'Ouest était de -0.2% dans les années 1980. La croissance des dépenses publiques en Afrique de l'Ouest (-0,22%) a été inférieure à celle du monde (2,7%), et inférieure à celle de l'Afrique (1,8%).

Chapitre XII. Dépenses publiques

Comparaison avec les sous-régions. Les dépense de consommation publique de l'Afrique de l'Ouest étaient supérieures à celles de l'Afrique centrale (7,2 milliards de dollars); mais inférieures à celles de l'Afrique du Nord (25,5 milliards de dollars), de l'Afrique australe (15,3 milliards de dollars) et d'Afrique de l'Est (12,8 milliards de dollars). Les dépense publique par habitant en Afrique de l'Ouest étaient inférieures à celles de l'Afrique australe (418,2 de dollars), de l'Afrique du Nord (201,9 de dollars), de l'Afrique centrale (119,6 de dollars) et d'Afrique de l'Est (78,6 de dollars). La croissance des dépenses publiques en Afrique de l'Ouest était inférieure à celle de l'Afrique australe (4,2%), d'Afrique de l'Est (2,1%), de l'Afrique centrale (2,1%) et de l'Afrique du Nord (0,77%).

Les leaders. Les dépenses publiques de l'Afrique de l'Ouest dans les années 1980 comprennent: Nigeria (35,7%), Côte d'Ivoire (17,0%), Sénégal (9,4%), Niger (5,8%), Burkina Faso (5,1%), autres (27,0%). La part des dépenses publiques dans le PIB des leaders: Burkina Faso (20,3%), Niger (18,1%), Sénégal (17,3%), Côte d'Ivoire (17,0%), Nigeria (1,9%). Les dépense publique par habitant en Afrique de l'Ouest parmi les leaders: Côte d'Ivoire (151,6 US$), Sénégal (127,4 US$), Niger (74,2 US$), Burkina Faso (58,3 US$), Nigeria (37,5 US$). La croissance des dépenses publiques en Afrique de l'Ouest parmi les leaders: Sénégal (3,1%), Burkina Faso (2,4%), Nigeria (-0,049%), Côte d'Ivoire (-0,75%), Niger (-2,9%).

Les années 1990

Les dépense publique de l'Afrique de l'Ouest étaient de 8,1 milliards de dollars par an dans les années 1990 à égalité avec les Philippines (8,1 milliards de dollars), l'Algérie (8,2 milliards de dollars). La part dans le monde était de 0,17% et de 9,1% en Afrique.

La part des dépenses publiques dans le PIB de l'Afrique de l'Ouest était de 7,2% dans les années 1990, à égalité avec le Sri Lanka (7,3%).

Les dépense de consommation publique par habitant en Afrique de l'Ouest étaient de 39.8 dollars dans les années 1990, à égalité avec la Tanzanie (40,5 de dollars), le Mozambique (39,1 de dollars). Les dépense de consommation publique par habitant en Afrique de l'Ouest étaient 20,7 fois inférieures les dépenses publiques par habitant au Monde (824,8 US$), et 3,2 fois inférieures les dépense de consommation publique par habitant en Afrique (126,1 US$).

La croissance des dépenses publiques en Afrique de l'Ouest était de 1.2% dans les années 1990, à égalité avec l'Amérique septentrionale (1,2%). La croissance des dépenses publiques en Afrique de l'Ouest (1,2%) a été inférieure à celle du monde (2,0%), et inférieure à celle de l'Afrique (1,6%).

Comparaison avec les sous-régions. Les dépenses publiques de l'Afrique de l'Ouest étaient inférieures à celles de l'Afrique du Nord (31,8 milliards de dollars), de l'Afrique australe (29,4 milliards de dollars), d'Afrique de l'Est (10,8 milliards de dollars) et de l'Afrique centrale (9,1 milliards de dollars). Les dépenses publiques par habitant en Afrique de l'Ouest étaient inférieures à celles de l'Afrique australe (631,1 de dollars), de l'Afrique du Nord (199,4 de dollars), de l'Afrique centrale (111,0 de dollars) et d'Afrique de l'Est (49,9 de dollars). La croissance des dépenses publiques en Afrique de l'Ouest était supérieure à celle de l'Afrique australe (1,0%) et de l'Afrique centrale (-0,32%); mais inférieure à celle de l'Afrique du Nord (2,5%) et d'Afrique de l'Est (2,5%).

Les leaders. Les dépenses publiques de l'Afrique de l'Ouest dans les années 1990 comprennent: Côte d'Ivoire (25,1%), Sénégal (11,5%), Ghana (10,4%), Nigeria (9,7%), Burkina Faso (7,3%), autres (36,0%). La part des dépenses publiques dans le PIB des leaders: Burkina Faso (18,7%), Côte d'Ivoire (17,7%), Sénégal (13,5%), Ghana (5,9%), Nigeria (1,4%). Les dépense de consommation publique par habitant en Afrique de l'Ouest parmi les leaders: Côte d'Ivoire (145,8 US$), Sénégal (109,1 US$), Burkina Faso (59,5 US$), Ghana (50,1 US$), Nigeria (7,4 US$). La croissance des dépenses publiques en Afrique de l'Ouest parmi les leaders: Ghana (3,3%), Burkina Faso (1,9%), Nigeria (1,8%), Sénégal (0,36%), Côte d'Ivoire (-0,75%).

Les années 2000

Les dépense publique de l'Afrique de l'Ouest étaient de 22,2 milliards de dollars par an dans les années 2000 à égalité avec la Hongrie (22,1 milliards de dollars), le Venezuela (21,7 milliards de dollars). La part dans le monde était de 0,28% et de 14,8% en Afrique.

La part des dépenses publiques dans le PIB de l'Afrique de l'Ouest était de 8,3% dans les années 2000, à égalité avec les Émirats arabes unis (8,2%), l'Indonésie (8,2%).

Les dépense publique par habitant en Afrique de l'Ouest étaient de 83.5 dollars dans les années 2000, à égalité avec le Nigeria (83,6 de dollars), le Bénin (84,0 de dollars), l'Asie du Sud (85,4 de dollars). Les dépenses publiques par habitant en Afrique de l'Ouest étaient 14,4 fois inférieures les dépenses publiques par habitant au Monde (1 200,9 US$), et 49,3% inférieures les dépenses publiques par habitant en Afrique (164,8 US$).

La croissance des dépenses publiques en Afrique de l'Ouest était de 12.3% dans les années 2000. La croissance des dépenses publiques en Afrique de l'Ouest (12,3%) a été supérieure à celle du monde (3,1%), et supérieure à celle de l'Afrique (5,0%).

Comparaison avec les sous-régions. Les dépense publique de l'Afrique de l'Ouest étaient supérieures à celles d'Afrique de l'Est (16,4 milliards de dollars) et de l'Afrique centrale (13,7 milliards de dollars); mais inférieures à celles de l'Afrique du Nord (52,0 milliards de dollars) et de l'Afrique australe (45,2 milliards de dollars). Les dépense publique par habitant en Afrique de l'Ouest étaient supérieures à celles d'Afrique de l'Est (57,6 de dollars); mais inférieures à celles de l'Afrique australe (830,5 de dollars), de l'Afrique du Nord (273,2 de dollars) et de l'Afrique centrale (123,1 de dollars). La croissance des dépenses publiques en Afrique de l'Ouest était supérieure à celle d'Afrique de l'Est (5,2%), de l'Afrique australe (4,5%), de l'Afrique du Nord (3,6%) et de l'Afrique centrale (2,0%).

Les leaders. Les dépense de consommation publique de l'Afrique de l'Ouest dans les années 2000 comprennent: Nigeria (51,9%), Côte d'Ivoire (10,5%), Ghana (8,9%), Sénégal (6,0%), Mali (4,1%), autres (18,7%). La part des dépenses publiques dans le PIB des leaders: Mali (14,7%), Côte d'Ivoire (13,7%), Sénégal (12,0%), Ghana (8,7%), Nigeria (6,4%). Les dépense publique par habitant en Afrique de l'Ouest parmi les leaders: Côte d'Ivoire (128,0 US$), Sénégal (120,4 US$), Ghana (90,7 US$), Nigeria (83,6 US$), Mali (71,9 US$). La croissance des dépenses publiques en Afrique de l'Ouest parmi les leaders: Nigeria (29,4%), Mali (7,8%), Sénégal (3,2%), Côte d'Ivoire (0,90%), Ghana (0,19%).

Les années 2010

Les dépense de consommation publique de l'Afrique de l'Ouest étaient de 55,4 milliards de dollars par an dans les années 2010 à égalité avec les Caraïbes (55,0 milliards de dollars), l'Iran (56,1 milliards de dollars). La part dans le monde était de 0,42% et de 16,9% en Afrique.

La part des dépenses publiques dans le PIB de l'Afrique de l'Ouest était de 8,5% dans les années 2010, à égalité avec la Gambie (8,6%), le Sri Lanka (8,6%), Macao (8,6%).

Les dépense de consommation publique par habitant en Afrique de l'Ouest étaient de 159.2 dollars dans les années 2010, à égalité avec le Yémen (157,3 de dollars). Les dépenses publiques par habitant en Afrique de l'Ouest étaient 11,2 fois inférieures les dépense publique par habitant au Monde (1 785,1 US$), et 43,4% inférieures les dépense de consommation publique par habitant en Afrique (281,0 US$).

La croissance des dépenses publiques en Afrique de l'Ouest était de 2.3% dans les années 2010. La croissance des dépenses publiques en Afrique de l'Ouest (2,3%) a été supérieure à celle du monde (2,3%), et inférieure à celle de l'Afrique (3,0%).

Comparaison avec les sous-régions. Les dépense publique de l'Afrique de l'Ouest étaient 34,2% supérieures à celles d'Afrique de l'Est (41,3 milliards de dollars) et 60,5% supérieures à celles de l'Afrique centrale (34,5 milliards de dollars); mais 2,1 fois inférieures à celles de l'Afrique du Nord (115,2 milliards de dollars) et 32,5% inférieures à celles de l'Afrique australe (82,0 milliards de dollars). Les dépense publique par habitant en Afrique de l'Ouest étaient 48,2% supérieures à celles d'Afrique de l'Est (107,4 de dollars); mais 8,2 fois inférieures à celles de l'Afrique australe (1 311,7 de dollars), 3,3 fois inférieures à celles de l'Afrique du Nord (520,4 de dollars) et 29,8% inférieures à celles de l'Afrique centrale (226,6 de dollars). La croissance des dépenses publiques en Afrique de l'Ouest était supérieure à celle de l'Afrique centrale (2,3%) et de l'Afrique australe (2,1%); mais inférieure à celle d'Afrique de l'Est (7,4%) et de l'Afrique du Nord (2,7%).

Les leaders. Les dépenses publiques de l'Afrique de l'Ouest dans les années 2010 comprennent: Nigeria (54,5%), Ghana (10,7%), Côte d'Ivoire (8,2%), Sénégal (5,0%), Mali (4,1%), autres (17,5%). La part des dépenses publiques dans le PIB des leaders: Mali (16,3%), Sénégal (13,9%), Ghana (10,6%), Côte d'Ivoire (10,5%), Nigeria (6,7%). Les dépense publique par habitant en Afrique de l'Ouest parmi les leaders: Ghana (215,7 US$), Côte d'Ivoire (197,8 US$), Sénégal (190,5 US$), Nigeria (168,4 US$), Mali (132,9 US$). La croissance des dépenses publiques en Afrique de l'Ouest parmi les leaders: Mali (8,5%), Ghana (4,7%), Sénégal (4,4%), Côte d'Ivoire (1,2%), Nigeria (0,61%).

Chapitre XIII. Dépenses ménagères

Dépenses de consommation des ménages

Les dépenses ménagères de l'Afrique de l'Ouest sont passés de 22,8 milliards de dollars par an dans les années 1970 à 471,3 milliards de dollars par an dans les années 2010, c'est-à-dire 448,5 milliards de dollars ou de 20,7 fois. La variation a été de 393,0 milliards de dollars en raison de l'augmentation de 6,0 fois des prix, et de 11,7 milliards de dollars en raison de la croissance du taux par habitant de 1,2 fois, et de 43,8 milliards de dollars en raison de la croissance démographique. La croissance annuelle moyenne des dépenses ménagères était de 3,3%. La valeur minimale était de 11,2 milliards de dollars en 1970. La valeur maximale était de 560,3 milliards de dollars en 2014.

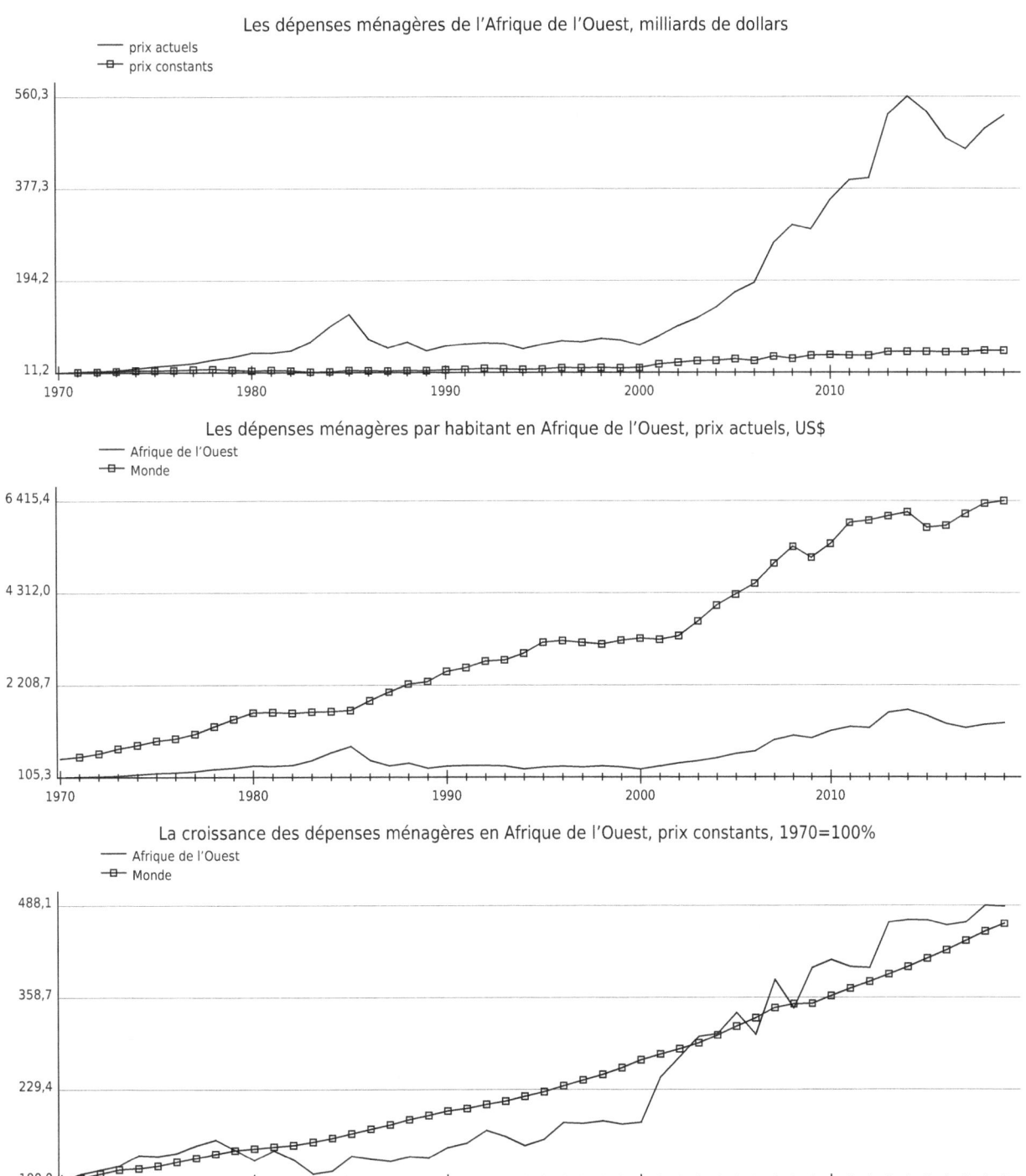

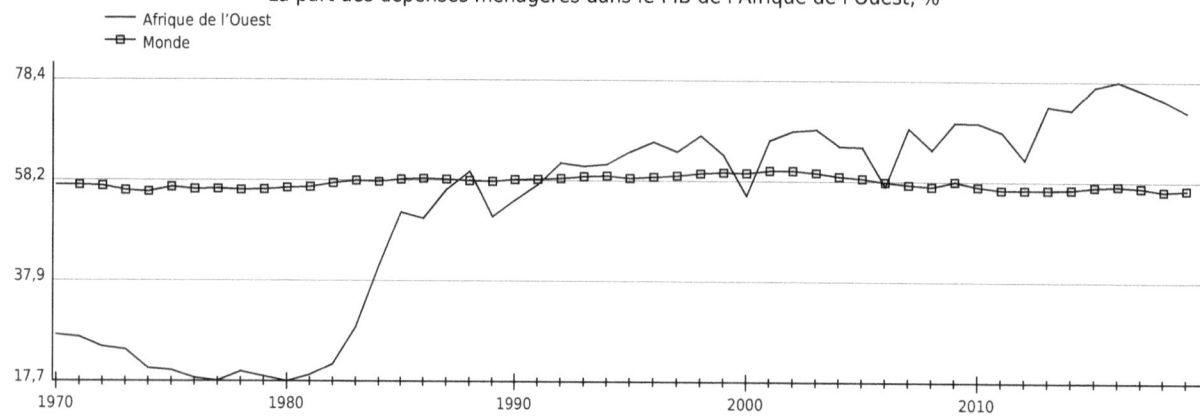

Les années 1970

Les dépenses ménagères de l'Afrique de l'Ouest étaient de 22,8 milliards de dollars par an dans les années 1970. La part dans le monde était de 0,62% et de 20,5% en Afrique.

La part des dépenses ménagères dans le PIB de l'Afrique de l'Ouest était de 20,1% dans les années 1970.

Les dépenses ménagères par habitant en Afrique de l'Ouest étaient de 191.4 dollars dans les années 1970, à égalité avec le Niger (186,8 de dollars). Les dépenses ménagères par habitant en Afrique de l'Ouest étaient 4,8 fois inférieures les dépenses ménagères par habitant au Monde (914,8 US$), et 29,4% inférieures les dépenses ménagères par habitant en Afrique (271,0 US$).

La croissance des dépenses ménagères en Afrique de l'Ouest était de 4.2% dans les années 1970, à égalité avec l'Espagne (4,1%), les Amériques (4,1%), Chypre (4,1%). La croissance des dépenses ménagères en Afrique de l'Ouest (4,2%) a été supérieure à celle du monde (4,1%), et supérieure à celle de l'Afrique (4,1%).

Comparaison avec les sous-régions. Les dépenses ménagères de l'Afrique de l'Ouest étaient supérieures à celles de l'Afrique australe (20,5 milliards de dollars) et de l'Afrique centrale (12,6 milliards de dollars); mais inférieures à celles de l'Afrique du Nord (31,5 milliards de dollars) et d'Afrique de l'Est (23,8 milliards de dollars). Les dépenses ménagères par habitant en Afrique de l'Ouest étaient inférieures à celles de l'Afrique australe (725,1 de dollars), de l'Afrique du Nord (326,5 de dollars), de l'Afrique centrale (276,6 de dollars) et d'Afrique de l'Est (197,3 de dollars). La croissance des dépenses ménagères en Afrique de l'Ouest était supérieure à celle de l'Afrique australe (3,5%), d'Afrique de l'Est (2,9%) et de l'Afrique centrale (1,4%); mais inférieure à celle de l'Afrique du Nord (6,2%).

Les leaders. Les dépenses ménagères de l'Afrique de l'Ouest dans les années 1970 comprennent: Nigeria (36,7%), Ghana (15,7%), Côte d'Ivoire (10,8%), Sénégal (7,7%), Guinée (4,9%), autres (24,3%). La part des dépenses ménagères dans le PIB des leaders: Guinée (91,8%), Sénégal (76,0%), Ghana (71,4%), Côte d'Ivoire (57,9%), Nigeria (9,0%). Les dépenses ménagères par habitant en Afrique de l'Ouest parmi les leaders: Côte d'Ivoire (388,9 US$), Ghana (365,5 US$), Sénégal (360,0 US$), Guinée (250,8 US$), Nigeria (132,8 US$). La croissance des dépenses ménagères en Afrique de l'Ouest parmi les leaders: Côte d'Ivoire (6,5%), Nigeria (4,1%), Sénégal (3,2%), Guinée (3,0%), Ghana (0,38%).

Les années 1980

Les dépenses ménagères de l'Afrique de l'Ouest étaient de 72,0 milliards de dollars par an dans les années 1980 à égalité avec la Suède (72,0 milliards de dollars), l'Iran (70,6 milliards de dollars). La part dans le monde était de 0,82% et de 26,7% en Afrique.

La part des dépenses ménagères dans le PIB de l'Afrique de l'Ouest était de 35,3% dans les années 1980.

Les dépenses ménagères par habitant en Afrique de l'Ouest étaient de 460.7 dollars dans les années 1980, à égalité avec le Cap-Vert (457,5 de dollars), la Guinée (464,4 de dollars), la Guinée-Bissau (465,0 de dollars). Les dépenses ménagères par habitant en Afrique de l'Ouest étaient 3,9 fois inférieures les dépenses ménagères par habitant au Monde (1 808,0 US$), et 7,5% inférieures les dépenses ménagères par habitant en Afrique (497,8 US$).

La croissance des dépenses ménagères en Afrique de l'Ouest était de -0.8% dans les années 1980. La croissance des dépenses ménagères en Afrique de l'Ouest (-0,82%) a été inférieure à celle du monde (3,0%), et inférieure à celle de l'Afrique (2,3%).

Chapitre XIII. Dépenses ménagères

Comparaison avec les sous-régions. Les dépenses ménagères de l'Afrique de l'Ouest étaient supérieures à celles de l'Afrique australe (48,5 milliards de dollars), d'Afrique de l'Est (45,7 milliards de dollars) et de l'Afrique centrale (22,7 milliards de dollars); mais inférieures à celles de l'Afrique du Nord (80,8 milliards de dollars). Les dépenses ménagères par habitant en Afrique de l'Ouest étaient supérieures à celles de l'Afrique centrale (376,3 de dollars) et d'Afrique de l'Est (281,2 de dollars); mais inférieures à celles de l'Afrique australe (1 323,0 de dollars) et de l'Afrique du Nord (640,4 de dollars). La croissance des dépenses ménagères en Afrique de l'Ouest était inférieure à celle de l'Afrique du Nord (4,5%), de l'Afrique australe (3,4%), de l'Afrique centrale (3,1%) et d'Afrique de l'Est (3,0%).

Les leaders. Les dépenses ménagères de l'Afrique de l'Ouest dans les années 1980 comprennent: Nigeria (58,2%), Ghana (9,3%), Côte d'Ivoire (7,8%), Sénégal (5,1%), Guinée (3,5%), autres (16,1%). La part des dépenses ménagères dans le PIB des leaders: Guinée (91,1%), Sénégal (77,8%), Ghana (77,2%), Côte d'Ivoire (64,5%), Nigeria (25,6%). Les dépenses ménagères par habitant en Afrique de l'Ouest parmi les leaders: Côte d'Ivoire (576,2 US$), Sénégal (571,8 US$), Ghana (532,1 US$), Nigeria (505,8 US$), Guinée (464,4 US$). La croissance des dépenses ménagères en Afrique de l'Ouest parmi les leaders: Guinée (2,3%), Sénégal (2,0%), Ghana (1,9%), Côte d'Ivoire (1,3%), Nigeria (-2,4%).

Les années 1990

Les dépenses ménagères de l'Afrique de l'Ouest étaient de 69,6 milliards de dollars par an dans les années 1990 à égalité avec le Portugal (69,9 milliards de dollars), la Thaïlande (69,0 milliards de dollars), la Norvège (68,7 milliards de dollars). La part dans le monde était de 0,41% et de 18,4% en Afrique.

La part des dépenses ménagères dans le PIB de l'Afrique de l'Ouest était de 62,0% dans les années 1990, à égalité avec la Bulgarie (62,0%), la Lituanie (61,8%), Cuba (62,3%).

Les dépenses ménagères par habitant en Afrique de l'Ouest étaient de 341.8 dollars dans les années 1990, à égalité avec l'Afrique centrale (341,9 de dollars), la Moldavie (342,8 de dollars), le Timor oriental (338,9 de dollars). Les dépenses ménagères par habitant en Afrique de l'Ouest étaient 8,7 fois inférieures les dépenses ménagères par habitant au Monde (2 963,9 US$), et 35,8% inférieures les dépenses ménagères par habitant en Afrique (532,7 US$).

La croissance des dépenses ménagères en Afrique de l'Ouest était de 3.1% dans les années 1990, à égalité avec le Mozambique (3,1%). La croissance des dépenses ménagères en Afrique de l'Ouest (3,1%) a été supérieure à celle du monde (3,0%), et supérieure à celle de l'Afrique (2,6%).

Comparaison avec les sous-régions. Les dépenses ménagères de l'Afrique de l'Ouest étaient supérieures à celles d'Afrique de l'Est (52,5 milliards de dollars) et de l'Afrique centrale (28,1 milliards de dollars); mais inférieures à celles de l'Afrique du Nord (136,0 milliards de dollars) et de l'Afrique australe (91,2 milliards de dollars). Les dépenses ménagères par habitant en Afrique de l'Ouest étaient supérieures à celles d'Afrique de l'Est (242,8 de dollars); mais inférieures à celles de l'Afrique australe (1 953,8 de dollars), de l'Afrique du Nord (851,7 de dollars) et de l'Afrique centrale (341,9 de dollars). La croissance des dépenses ménagères en Afrique de l'Ouest était supérieure à celle d'Afrique de l'Est (2,9%), de l'Afrique australe (2,5%) et de l'Afrique centrale (-1,2%); mais inférieure à celle de l'Afrique du Nord (3,2%).

Les leaders. Les dépenses ménagères de l'Afrique de l'Ouest dans les années 1990 comprennent: Nigeria (39,4%), Ghana (14,9%), Côte d'Ivoire (10,9%), Sénégal (7,3%), Guinée (6,2%), autres (21,2%). La part des dépenses ménagères dans le PIB des leaders: Guinée (90,5%), Sénégal (73,4%), Ghana (73,0%), Côte d'Ivoire (66,2%), Nigeria (49,2%). Les dépenses ménagères par habitant en Afrique de l'Ouest parmi les leaders: Ghana (618,0 US$), Guinée (596,2 US$), Sénégal (595,0 US$), Côte d'Ivoire (545,4 US$), Nigeria (256,8 US$). La croissance des dépenses ménagères en Afrique de l'Ouest parmi les leaders: Ghana (5,9%), Guinée (5,0%), Nigeria (3,5%), Sénégal (2,5%), Côte d'Ivoire (1,4%).

Les années 2000

Les dépenses ménagères de l'Afrique de l'Ouest étaient de 174,5 milliards de dollars par an dans les années 2000 à égalité avec la Suède (173,7 milliards de dollars). La part dans le monde était de 0,64% et de 26,2% en Afrique.

La part des dépenses ménagères dans le PIB de l'Afrique de l'Ouest était de 65,3% dans les années 2000, à égalité avec d'Antigua-et-Barbuda (65,3%), le Pérou (65,2%), l'Argentine (65,1%).

Les dépenses ménagères par habitant en Afrique de l'Ouest étaient de 658 dollars dans les années 2000, à égalité avec le Lesotho

(661,8 de dollars). Les dépenses ménagères par habitant en Afrique de l'Ouest étaient 6,4 fois inférieures les dépenses ménagères par habitant au Monde (4 208,2 US$), et 10,6% inférieures les dépenses ménagères par habitant en Afrique (735,9 US$).

La croissance des dépenses ménagères en Afrique de l'Ouest était de 8.3% dans les années 2000. La croissance des dépenses ménagères en Afrique de l'Ouest (8,3%) a été supérieure à celle du monde (3,0%), et supérieure à celle de l'Afrique (6,0%).

Comparaison avec les sous-régions. Les dépenses ménagères de l'Afrique de l'Ouest étaient supérieures à celles de l'Afrique australe (144,6 milliards de dollars), d'Afrique de l'Est (89,6 milliards de dollars) et de l'Afrique centrale (49,1 milliards de dollars); mais inférieures à celles de l'Afrique du Nord (209,4 milliards de dollars). Les dépenses ménagères par habitant en Afrique de l'Ouest étaient supérieures à celles de l'Afrique centrale (442,5 de dollars) et d'Afrique de l'Est (313,8 de dollars); mais inférieures à celles de l'Afrique australe (2 657,3 de dollars) et de l'Afrique du Nord (1 099,8 de dollars). La croissance des dépenses ménagères en Afrique de l'Ouest était supérieure à celle d'Afrique de l'Est (5,9%), de l'Afrique centrale (5,3%), de l'Afrique du Nord (4,8%) et de l'Afrique australe (4,1%).

Les leaders. Les dépenses ménagères de l'Afrique de l'Ouest dans les années 2000 comprennent: Nigeria (62,7%), Ghana (9,2%), Côte d'Ivoire (6,6%), Sénégal (4,7%), Burkina Faso (2,8%), autres (14,0%). La part des dépenses ménagères dans le PIB des leaders: Burkina Faso (81,5%), Sénégal (75,0%), Ghana (71,8%), Côte d'Ivoire (68,3%), Nigeria (60,9%). Les dépenses ménagères par habitant en Afrique de l'Ouest parmi les leaders: Nigeria (795,1 US$), Sénégal (753,1 US$), Ghana (746,3 US$), Côte d'Ivoire (636,7 US$), Burkina Faso (362,4 US$). La croissance des dépenses ménagères en Afrique de l'Ouest parmi les leaders: Nigeria (10,8%), Sénégal (4,7%), Ghana (4,0%), Burkina Faso (3,8%), Côte d'Ivoire (3,1%).

Les années 2010

Les dépenses ménagères de l'Afrique de l'Ouest étaient de 471,3 milliards de dollars par an dans les années 2010. La part dans le monde était de 1,1% et de 31,2% en Afrique.

La part des dépenses ménagères dans le PIB de l'Afrique de l'Ouest était de 72,7% dans les années 2010, à égalité avec la Somalie (72,6%), la Serbie (72,4%), les Îles Marshall (72,3%).

Les dépenses ménagères par habitant en Afrique de l'Ouest étaient de 1354.7 dollars dans les années 2010, à égalité avec Sao Tomé-et-Principe (1 344,3 de dollars), le Bhoutan (1 376,6 de dollars), le Viêt Nam (1 378,2 de dollars). Les dépenses ménagères par habitant en Afrique de l'Ouest étaient 4,4 fois inférieures les dépenses ménagères par habitant au Monde (6 018,5 US$), et 4,8% supérieures les dépenses ménagères par habitant en Afrique (1 292,9 US$).

La croissance des dépenses ménagères en Afrique de l'Ouest était de 2% dans les années 2010, à égalité avec la Gambie (2,0%), l'Australie (2,0%). La croissance des dépenses ménagères en Afrique de l'Ouest (2,0%) a été inférieure à celle du monde (2,8%), et inférieure à celle de l'Afrique (3,3%).

Comparaison avec les sous-régions. Les dépenses ménagères de l'Afrique de l'Ouest étaient 4,9% supérieures à celles de l'Afrique du Nord (449,1 milliards de dollars), 99,5% supérieures à celles de l'Afrique australe (236,2 milliards de dollars), 2,1 fois supérieures à celles d'Afrique de l'Est (226,8 milliards de dollars) et 3,7 fois supérieures à celles de l'Afrique centrale (127,0 milliards de dollars). Les dépenses ménagères par habitant en Afrique de l'Ouest étaient 62,4% supérieures à celles de l'Afrique centrale (834,3 de dollars) et 2,3 fois supérieures à celles d'Afrique de l'Est (590,4 de dollars); mais 2,8 fois inférieures à celles de l'Afrique australe (3 778,8 de dollars) et 33,2% inférieures à celles de l'Afrique du Nord (2 028,7 de dollars). La croissance des dépenses ménagères en Afrique de l'Ouest était inférieure à celle d'Afrique de l'Est (5,4%), de l'Afrique centrale (4,4%), de l'Afrique du Nord (3,7%) et de l'Afrique australe (2,4%).

Les leaders. Les dépenses ménagères de l'Afrique de l'Ouest dans les années 2010 comprennent: Nigeria (69,8%), Ghana (8,5%), Côte d'Ivoire (6,1%), Sénégal (3,0%), Mali (2,2%), autres (10,3%). La part des dépenses ménagères dans le PIB des leaders: Mali (75,1%), Nigeria (73,3%), Sénégal (71,7%), Ghana (71,4%), Côte d'Ivoire (66,8%). Les dépenses ménagères par habitant en Afrique de l'Ouest parmi les leaders: Nigeria (1 836,5 US$), Ghana (1 457,7 US$), Côte d'Ivoire (1 257,0 US$), Sénégal (981,1 US$), Mali (612,4 US$). La croissance des dépenses ménagères en Afrique de l'Ouest parmi les leaders: Mali (8,1%), Ghana (7,3%), Sénégal (3,6%), Nigeria (1,6%), Côte d'Ivoire (-2,7%).

Chapitre XIV. Consommation de nourriture

Au cours de la période de recherche, la consommation alimentaire des produits suivants a augmenté: stimulants (de 6,5 fois), noix (de 2,0 fois), épices (de 95,6%), légumineuses (de 88,8%), sucre (de 87,3%), œufs (de 68,2%), racines riches (de 49,0%), légumes (de 38,1%), céréales (de 38,0%), poisson (de 34,8%), viande (de 26,5%), huiles végétales (de 21,9%), lait (de 11,1%), alcool (de 7,2%), fruits (de 1,5%).

Voici les coefficients de corrélation entre le RNB par habitant à prix constants et la consommation alimentaire: stimulants (0.994), légumineuses (0.956), noix (0.936), poisson (0.93), viande (0.892), sucre (0.872), épices (0.864), légumes (0.831), œufs (0.812), céréales (0.795), racines riches (0.758), fruits (0.617), lait (0.603), huiles végétales (0.531), alcool (0.255).

Les années 1970

La consommation de kcal en Afrique de l'Ouest était de 1 909,8 kcal/jour par habitant dans les années 1970 à égalité avec le Viêt Nam (1 912,0 kcal/jour par habitant), la Chine (1 914,0 kcal/jour par habitant), le Yémen (1 923,4 kcal/jour par habitant). La consommation de kcal en Afrique de l'Ouest était inférieur à celui dans le monde (2 403,2 kcal/jour par habitant), et était inférieur à celui en Afrique (2 120,4 kcal/jour par habitant). La consommation de kcal avait la structure suivante: céréales (44.9%), racines riches (18.4%), huiles végétales (11.2%), fruits (4.9%), sucre (2.8%), et d'autres (17.8%).

La consommation de protéines en Afrique de l'Ouest était de 46,0 g/jour par habitant dans les années 1970 à égalité avec le Burkina Faso (46,0 g/jour par habitant), le Liberia (45,8 g/jour par habitant). La consommation de protéines en Afrique de l'Ouest était inférieur à celui dans le monde (65,0 g/jour par habitant), et était inférieur à celui en Afrique (54,9 g/jour par habitant). La consommation de protéines avait la structure suivante: céréales (48.7%), viande (8.8%), racines riches (8%), légumineuses (7.6%), poisson (7.3%), et d'autres (19.6%).

La consommation de graisse en Afrique de l'Ouest était de 44,7 g/jour par habitant dans les années 1970 à égalité avec le Sri Lanka (44,6 g/jour par habitant), le Maroc (44,5 g/jour par habitant), la Bolivie (45,2 g/jour par habitant). La consommation de graisse en Afrique de l'Ouest était inférieur à celui dans le monde (55,1 g/jour par habitant), et était supérieur à celui en Afrique (43,8 g/jour par habitant). La consommation de graisse avait la structure suivante: huiles végétales (54.2%), céréales (15.1%), viande (6.4%), lait (3%), poisson (1.5%), et d'autres (19.8%).

Voici les niveaux de consommation alimentaire: racines riches (137,4 kg/habitant/an), céréales (104,7 kg/habitant/an), fruits (60,5 kg/habitant/an), alcool (47,7 kg/habitant/an), légumes (39,5 kg/habitant/an), lait (17,3 kg/habitant/an), poisson (11,4 kg/habitant/an), viande (10,0 kg/habitant/an), huiles végétales (8,9 kg/habitant/an), légumineuses (5,9 kg/habitant/an), sucre (5,6 kg/habitant/an), noix (1,8 kg/habitant/an), œufs (1,5 kg/habitant/an), épices (0,69 kg/habitant/an), stimulants (0,22 kg/habitant/an).

Les années 1980

La consommation de kcal en Afrique de l'Ouest était de 2 009,4 kcal/jour par habitant dans les années 1980 à égalité avec la Bolivie (2 012,2 kcal/jour par habitant), l'Est (2 005,1 kcal/jour par habitant), Sierra Leone (2 017,8 kcal/jour par habitant). La consommation de kcal en Afrique de l'Ouest était inférieur à celui dans le monde (2 572,3 kcal/jour par habitant), et était inférieur à celui en Afrique (2 241,9 kcal/jour par habitant). La consommation de kcal avait la structure suivante: céréales (48.9%), racines riches (15%), huiles végétales (11.2%), fruits (4.1%), sucre (3.7%), et d'autres (17.1%).

La consommation de protéines en Afrique de l'Ouest était de 48,3 g/jour par habitant dans les années 1980 à égalité avec le Tchad (48,2 g/jour par habitant), les Philippines (48,4 g/jour par habitant), le Liberia (48,5 g/jour par habitant). La consommation de protéines en Afrique de l'Ouest était inférieur à celui dans le monde (69,1 g/jour par habitant), et était inférieur à celui en Afrique (57,5 g/jour par habitant). La consommation de protéines avait la structure suivante: céréales (52.2%), viande (9.3%), poisson (7%), légumineuses (6.7%), racines riches (6.2%), et d'autres (18.6%).

La consommation de graisse en Afrique de l'Ouest était de 46,3 g/jour par habitant dans les années 1980 à égalité avec l'Afrique (46,6 g/jour par habitant). La consommation de graisse en Afrique de l'Ouest était inférieur à celui dans le monde (63,2 g/jour par habitant), et était inférieur à celui en Afrique (46,6 g/jour par habitant). La consommation de graisse avait la structure suivante: huiles végétales (55.1%), céréales (15.4%), viande (7.1%), lait (2.7%), poisson (1.5%), et d'autres (18.2%).

Voici les niveaux de consommation alimentaire: racines riches (118,2 kg/habitant/an), céréales (117,9 kg/habitant/an), fruits (55,0 kg/habitant/an), alcool (52,9 kg/habitant/an), légumes (37,2 kg/habitant/an), lait (17,4 kg/habitant/an), poisson (11,9 kg/habitant/an), viande (11,3 kg/habitant/an), huiles végétales (9,4 kg/habitant/an), sucre (7,7 kg/habitant/an), légumineuses (5,4 kg/habitant/an), œufs (1,8 kg/habitant/an), noix (1,6 kg/habitant/an), épices (0,72 kg/habitant/an), stimulants (0,28 kg/habitant/an).

Les années 1990

La consommation de kcal en Afrique de l'Ouest était de 2 402,0 kcal/jour par habitant dans les années 1990 à égalité avec la Thaïlande (2 400,9 kcal/jour par habitant), la Grenade (2 408,0 kcal/jour par habitant), le Salvador (2 395,4 kcal/jour par habitant). La consommation de kcal en Afrique de l'Ouest était inférieur à celui dans le monde (2 652,6 kcal/jour par habitant), et était supérieur à celui en Afrique (2 365,6 kcal/jour par habitant). La consommation de kcal avait la structure suivante: céréales (47.2%), racines riches (19.9%), huiles végétales (11.2%), fruits (3.7%), sucre (3.1%), et d'autres (14.9%).

La consommation de protéines en Afrique de l'Ouest était de 55,3 g/jour par habitant dans les années 1990 à égalité avec le Nigeria (54,8 g/jour par habitant). La consommation de protéines en Afrique de l'Ouest était inférieur à celui dans le monde (72,1 g/jour par habitant), et était inférieur à celui en Afrique (60,1 g/jour par habitant). La consommation de protéines avait la structure suivante: céréales (52.5%), racines riches (8.7%), légumineuses (8.2%), viande (7.6%), poisson (5.7%), et d'autres (17.3%).

La consommation de graisse en Afrique de l'Ouest était de 53,0 g/jour par habitant dans les années 1990 à égalité avec le Tchad (53,2 g/jour par habitant), le Botswana (53,4 g/jour par habitant), le Mali (52,6 g/jour par habitant). La consommation de graisse en Afrique de l'Ouest était inférieur à celui dans le monde (69,0 g/jour par habitant), et était supérieur à celui en Afrique (48,6 g/jour par habitant). La consommation de graisse avait la structure suivante: huiles végétales (57.6%), céréales (16%), viande (5.9%), lait (2.2%), racines riches (1.7%), et d'autres (16.6%).

Voici les niveaux de consommation alimentaire: racines riches (190,1 kg/habitant/an), céréales (134,9 kg/habitant/an), fruits (58,0 kg/habitant/an), alcool (50,9 kg/habitant/an), légumes (47,4 kg/habitant/an), lait (14,4 kg/habitant/an), huiles végétales (11,3 kg/habitant/an), viande (10,6 kg/habitant/an), poisson (10,6 kg/habitant/an), sucre (7,6 kg/habitant/an), légumineuses (7,5 kg/habitant/an), œufs (2,2 kg/habitant/an), noix (1,6 kg/habitant/an), épices (1,1 kg/habitant/an), stimulants (0,50 kg/habitant/an).

Les années 2000

La consommation de kcal en Afrique de l'Ouest était de 2 589,6 kcal/jour par habitant dans les années 2000 à égalité avec l'Asie centrale (2 589,0 kcal/jour par habitant), les Bermudes (2 594,5 kcal/jour par habitant), le Salvador (2 583,8 kcal/jour par habitant). La consommation de kcal en Afrique de l'Ouest était inférieur à celui dans le monde (2 765,9 kcal/jour par habitant), et était supérieur à celui en Afrique (2 509,9 kcal/jour par habitant). La consommation de kcal avait la structure suivante: céréales (45.1%), racines riches (19.5%), huiles végétales (11.1%), sucre (3.7%), fruits (3.7%), et d'autres (16.9%).

La consommation de protéines en Afrique de l'Ouest était de 61,2 g/jour par habitant dans les années 2000 à égalité avec le Nigeria (61,3 g/jour par habitant), la Birmanie (61,5 g/jour par habitant), les Caraïbes (61,6 g/jour par habitant). La consommation de protéines en Afrique de l'Ouest était inférieur à celui dans le monde (76,5 g/jour par habitant), et était inférieur à celui en Afrique (65,1 g/jour par habitant). La consommation de protéines avait la structure suivante: céréales (48.3%), légumineuses (9.4%), racines riches (9.1%), viande (7.4%), poisson (6.2%), et d'autres (19.6%).

La consommation de graisse en Afrique de l'Ouest était de 59,0 g/jour par habitant dans les années 2000 à égalité avec le Mali (58,5 g/jour par habitant). La consommation de graisse en Afrique de l'Ouest était inférieur à celui dans le monde (76,9 g/jour par habitant), et était supérieur à celui en Afrique (52,8 g/jour par habitant). La consommation de graisse avait la structure suivante: huiles végétales (55.1%), céréales (13.9%), viande (5.9%), lait (2.6%), noix (2.5%), et d'autres (20%).

Voici les niveaux de consommation alimentaire: racines riches (195,5 kg/habitant/an), céréales (139,1 kg/habitant/an), fruits (61,0 kg/habitant/an), légumes (54,7 kg/habitant/an), alcool (53,1 kg/habitant/an), lait (16,9 kg/habitant/an), poisson (12,9 kg/habitant/an), huiles végétales (12,0 kg/habitant/an), viande (11,7 kg/habitant/an), sucre (9,8 kg/habitant/an), légumineuses (9,5 kg/habitant/an), noix (3,2 kg/habitant/an), œufs (2,4 kg/habitant/an), épices (1,3 kg/habitant/an), stimulants (0,73 kg/habitant/an).

Les années 2010

La consommation de kcal en Afrique de l'Ouest était de 2 687,0 kcal/jour par habitant dans les années 2010 à égalité avec l'Asie du Sud-Est (2 686,3 kcal/jour par habitant), le Burkina Faso (2 693,0 kcal/jour par habitant), le Guyana (2 693,0 kcal/jour par habitant). La consommation de kcal en Afrique de l'Ouest était inférieur à celui dans le monde (2 869,3 kcal/jour par habitant), et était supérieur à

Chapitre XIV. Consommation de nourriture

celui en Afrique (2 612,5 kcal/jour par habitant). La consommation de kcal avait la structure suivante: céréales (45.7%), racines riches (19.7%), huiles végétales (9.7%), sucre (3.8%), légumineuses (3.8%), et d'autres (17.3%).

La consommation de protéines en Afrique de l'Ouest était de 65,0 g/jour par habitant dans les années 2010 à égalité avec le Pakistan (64,5 g/jour par habitant), la Bolivie (65,5 g/jour par habitant), le Cambodge (64,5 g/jour par habitant). La consommation de protéines en Afrique de l'Ouest était inférieur à celui dans le monde (80,6 g/jour par habitant), et était inférieur à celui en Afrique (69,0 g/jour par habitant). La consommation de protéines avait la structure suivante: céréales (47%), légumineuses (10.4%), racines riches (9.3%), viande (7.5%), poisson (6.6%), et d'autres (19.2%).

La consommation de graisse en Afrique de l'Ouest était de 57,7 g/jour par habitant dans les années 2010 à égalité avec le Guyana (57,5 g/jour par habitant), le Nigeria (57,4 g/jour par habitant), l'Azerbaïdjan (58,1 g/jour par habitant). La consommation de graisse en Afrique de l'Ouest était inférieur à celui dans le monde (82,4 g/jour par habitant), et était supérieur à celui en Afrique (54,7 g/jour par habitant). La consommation de graisse avait la structure suivante: huiles végétales (51.1%), céréales (14.5%), viande (6.3%), noix (3.1%), lait (3.1%), et d'autres (21.9%).

Voici les niveaux de consommation alimentaire: racines riches (204,8 kg/habitant/an), céréales (144,5 kg/habitant/an), fruits (61,4 kg/habitant/an), légumes (54,6 kg/habitant/an), alcool (51,2 kg/habitant/an), lait (19,2 kg/habitant/an), poisson (15,4 kg/habitant/an), viande (12,7 kg/habitant/an), légumineuses (11,1 kg/habitant/an), huiles végétales (10,9 kg/habitant/an), sucre (10,4 kg/habitant/an), noix (3,7 kg/habitant/an), œufs (2,5 kg/habitant/an), stimulants (1,4 kg/habitant/an), épices (1,4 kg/habitant/an).

Partie V. Reproduction

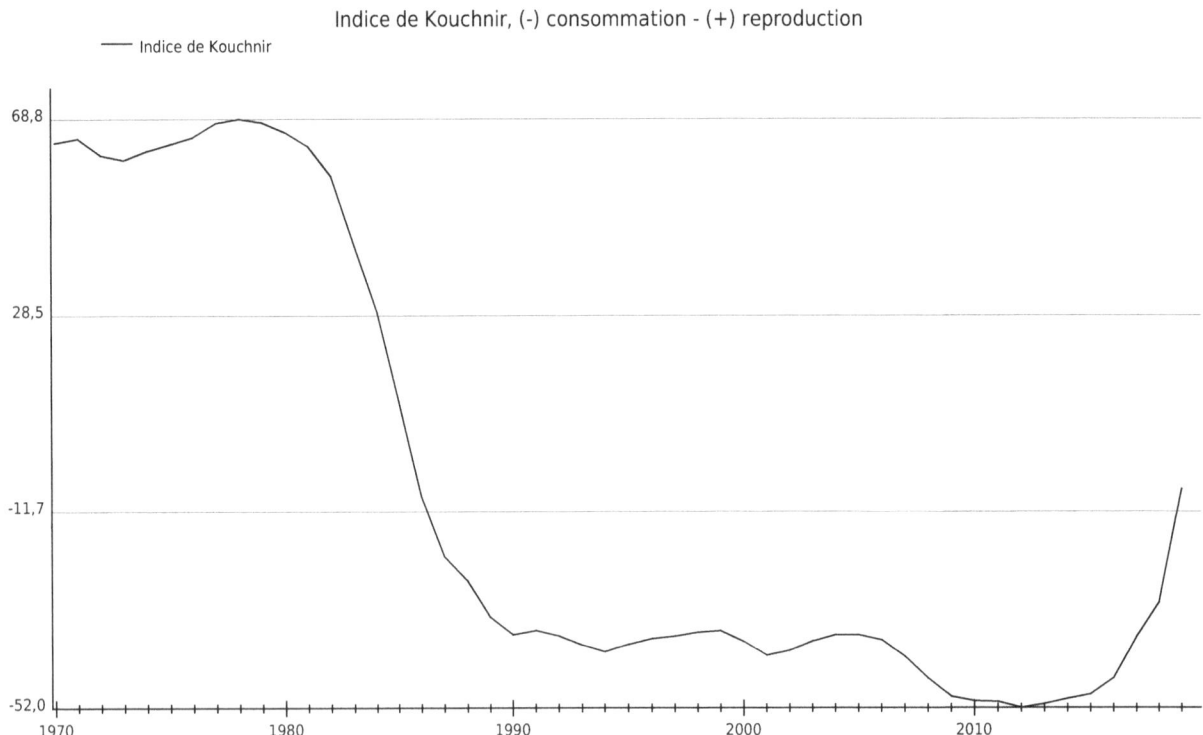

Chapitre XV. Formation de capital fixe

Formation brute de capital fixe

La formation de capital de l'Afrique de l'Ouest est passé de 82,0 milliards de dollars par an dans les années 1970 à 120,2 milliards de dollars par an dans les années 2010, c'est-à-dire 38,2 milliards de dollars ou de 46,7%. La variation a été de 18,8 milliards de dollars en raison de l'augmentation de 1,2 fois des prix, et de -137,7 milliards de dollars en raison de la baisse du taux par habitant de 2,4 fois, et de 157,2 milliards de dollars en raison de la croissance démographique. La croissance annuelle moyenne de la formation brute de capital fixe était de 1,7%. La valeur minimale était de 25,2 milliards de dollars en 1970. La valeur maximale était de 208,1 milliards de dollars en 1981.

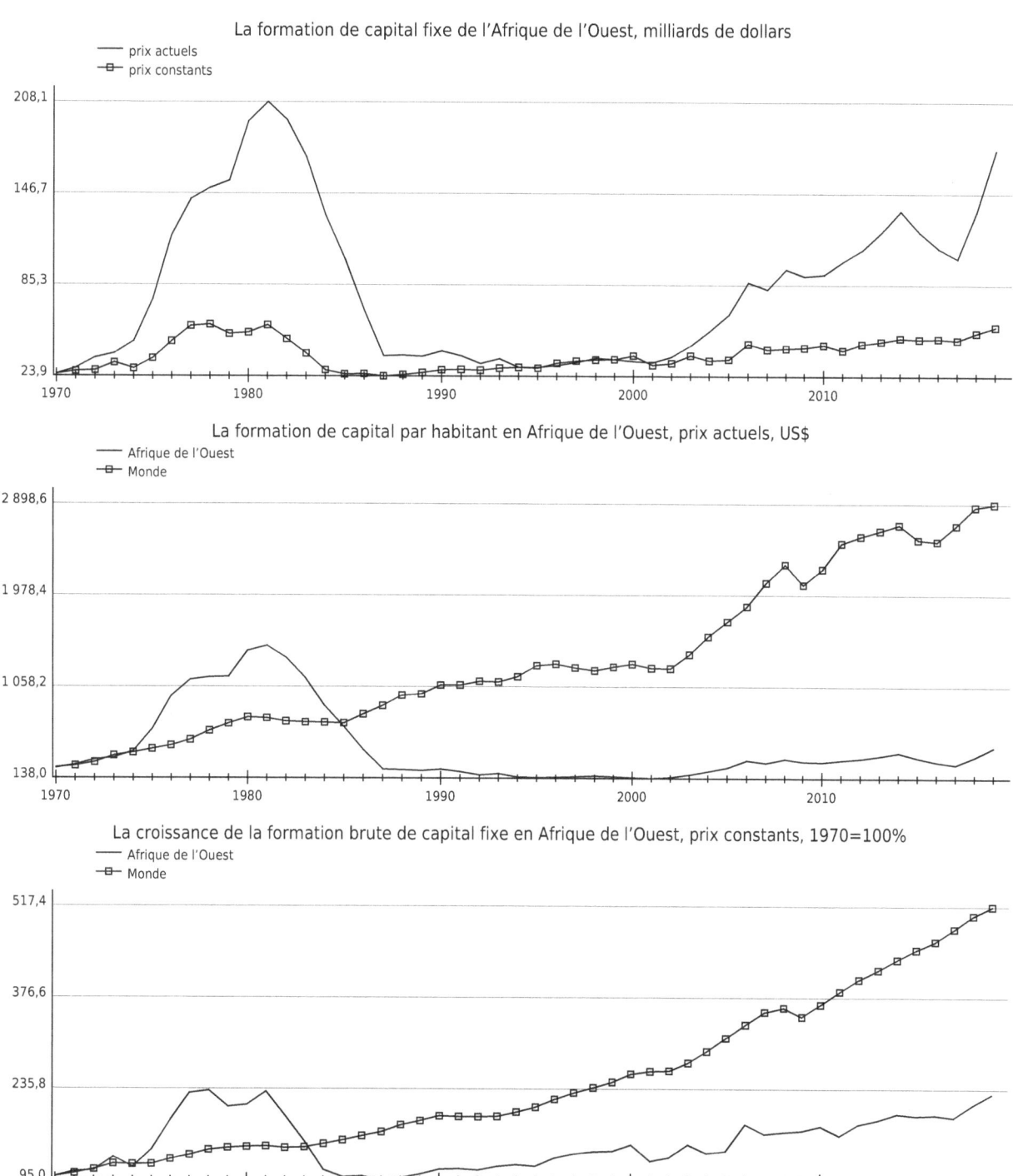

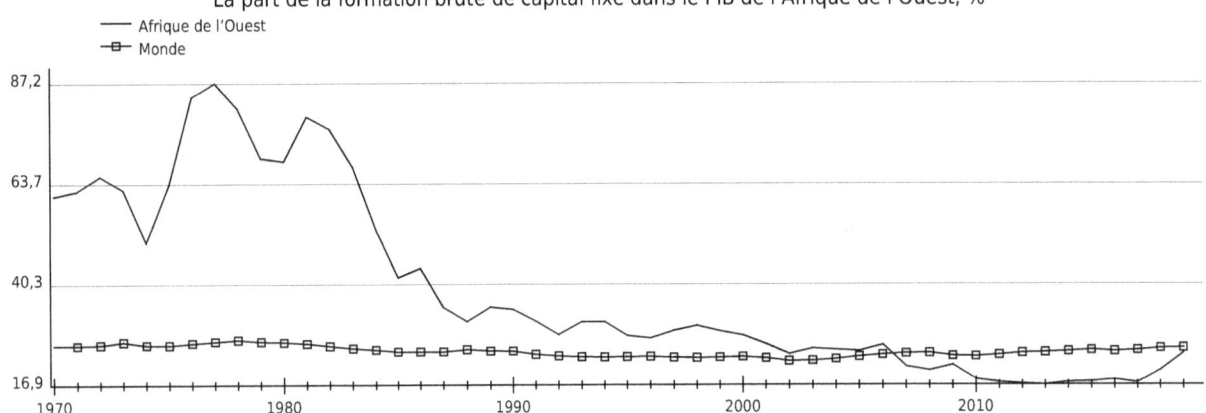

Les années 1970

La formation de capital de l'Afrique de l'Ouest était de 82,0 milliards de dollars par an dans les années 1970 à égalité avec la France (82,9 milliards de dollars). La part dans le monde était de 4,7% et de 68,9% en Afrique.

La part de la formation de capital dans le PIB de l'Afrique de l'Ouest était de 72,4% dans les années 1970.

La formation de capital par habitant en Afrique de l'Ouest était de 687.4 dollars dans les années 1970, à égalité avec la Polynésie (682,2 de dollars), d'Oman (677,4 de dollars). La formation de capital par habitant en Afrique de l'Ouest était 58,6% supérieure la formation de capital fixe par habitant au Monde (433,5 US$), et 2,4 fois supérieure la formation de capital fixe par habitant en Afrique (289,8 US$).

La croissance de la formation brute de capital fixe en Afrique de l'Ouest était de 8.5% dans les années 1970, à égalité avec Malte (8,5%), Sainte-Lucie (8,5%), la Yougoslavie (8,6%). La croissance de la formation brute de capital fixe en Afrique de l'Ouest (8,5%) a été supérieure à celle du monde (4,2%), et supérieure à celle de l'Afrique (7,1%).

Comparaison avec les sous-régions. La formation de capital de l'Afrique de l'Ouest était supérieure à celle de l'Afrique du Nord (15,9 milliards de dollars), de l'Afrique australe (10,1 milliards de dollars), de l'Afrique centrale (5,7 milliards de dollars) et d'Afrique de l'Est (5,2 milliards de dollars). La formation de capital par habitant en Afrique de l'Ouest était supérieure à celle de l'Afrique australe (357,0 de dollars), de l'Afrique du Nord (164,8 de dollars), de l'Afrique centrale (126,3 de dollars) et d'Afrique de l'Est (43,3 de dollars). La croissance de la formation brute de capital fixe en Afrique de l'Ouest était supérieure à celle de l'Afrique australe (3,7%), de l'Afrique centrale (2,5%) et d'Afrique de l'Est (-0,32%); mais inférieure à celle de l'Afrique du Nord (9,5%).

Les leaders. La formation de capital de l'Afrique de l'Ouest dans les années 1970 comprenait: Nigeria (95,4%), Côte d'Ivoire (1,3%), Ghana (0,80%), Mauritanie (0,63%), Sénégal (0,36%), autres (1,5%). La part de la formation brute de capital fixe dans le PIB des leaders: Nigeria (84,1%), Mauritanie (56,2%), Côte d'Ivoire (24,7%), Ghana (13,1%), Sénégal (13,0%). La formation de capital par habitant en Afrique de l'Ouest parmi les leaders: Nigeria (1 240,6 US$), Mauritanie (393,1 US$), Côte d'Ivoire (166,1 US$), Ghana (67,0 US$), Sénégal (61,5 US$). La croissance de la formation brute de capital fixe en Afrique de l'Ouest parmi les leaders: Côte d'Ivoire (10,8%), Nigeria (9,1%), Sénégal (2,6%), Mauritanie (2,0%), Ghana (-3,5%).

Les années 1980

La formation de capital fixe de l'Afrique de l'Ouest était de 118,6 milliards de dollars par an dans les années 1980 à égalité avec l'Amérique du Sud (115,8 milliards de dollars). La part dans le monde était de 3,1% et de 60,5% en Afrique.

La part de la formation brute de capital fixe dans le PIB de l'Afrique de l'Ouest était de 58,2% dans les années 1980.

La formation de capital fixe par habitant en Afrique de l'Ouest était de 759.4 dollars dans les années 1980, à égalité avec l'Algérie (762,5 de dollars), l'Iran (755,4 de dollars), la Hongrie (754,8 de dollars). La formation de capital fixe par habitant en Afrique de l'Ouest était 4,0% inférieure la formation de capital par habitant au Monde (790,9 US$), et 2,1 fois supérieure la formation de capital par habitant en Afrique (362,0 US$).

La croissance de la formation brute de capital fixe en Afrique de l'Ouest était de -6.7% dans les années 1980. La croissance de la formation brute de capital fixe en Afrique de l'Ouest (-6,7%) a été inférieure à celle du monde (2,5%), et inférieure à celle de l'Afrique (-3,3%).

Chapitre XV. Formation de capital fixe

Comparaison avec les sous-régions. La formation de capital de l'Afrique de l'Ouest était supérieure à celle de l'Afrique du Nord (38,3 milliards de dollars), de l'Afrique australe (20,8 milliards de dollars), de l'Afrique centrale (9,8 milliards de dollars) et d'Afrique de l'Est (8,6 milliards de dollars). La formation de capital par habitant en Afrique de l'Ouest était supérieure à celle de l'Afrique australe (566,4 de dollars), de l'Afrique du Nord (303,5 de dollars), de l'Afrique centrale (162,8 de dollars) et d'Afrique de l'Est (53,2 de dollars). La croissance de la formation de capital en Afrique de l'Ouest était inférieure à celle de l'Afrique australe (0,63%), d'Afrique de l'Est (-0,67%), de l'Afrique du Nord (-1,2%) et de l'Afrique centrale (-1,3%).

Les leaders. La formation de capital de l'Afrique de l'Ouest dans les années 1980 comprenait: Nigeria (94,7%), Côte d'Ivoire (1,1%), Ghana (0,84%), Mauritanie (0,65%), Sénégal (0,57%), autres (2,1%). La part de la formation brute de capital fixe dans le PIB des leaders: Nigeria (68,7%), Mauritanie (40,9%), Côte d'Ivoire (15,6%), Sénégal (14,4%), Ghana (11,5%). La formation de capital par habitant en Afrique de l'Ouest parmi les leaders: Nigeria (1 357,1 US$), Mauritanie (440,4 US$), Côte d'Ivoire (139,1 US$), Sénégal (106,2 US$), Ghana (79,3 US$). La croissance de la formation de capital en Afrique de l'Ouest parmi les leaders: Sénégal (3,5%), Ghana (2,3%), Mauritanie (-1,9%), Nigeria (-6,8%), Côte d'Ivoire (-10,2%).

Les années 1990

La formation de capital de l'Afrique de l'Ouest était de 34,1 milliards de dollars par an dans les années 1990 à égalité avec l'Iran (33,8 milliards de dollars). La part dans le monde était de 0,51% et de 27,8% en Afrique.

La part de la formation brute de capital fixe dans le PIB de l'Afrique de l'Ouest était de 30,4% dans les années 1990, à égalité avec la Tchéquie (30,4%), le Japon (30,4%), les Îles Turks-et-Caïcos (30,3%).

La formation de capital par habitant en Afrique de l'Ouest était de 167.7 dollars dans les années 1990, à égalité avec Djibouti (168,4 de dollars), le Nicaragua (166,6 de dollars), les Salomon (164,7 de dollars). La formation de capital fixe par habitant en Afrique de l'Ouest était 7,1 fois inférieure la formation de capital fixe par habitant au Monde (1 183,8 US$), et 3,2% inférieure la formation de capital fixe par habitant en Afrique (173,2 US$).

La croissance de la formation brute de capital fixe en Afrique de l'Ouest était de 3% dans les années 1990, à égalité avec les Philippines (3,0%), le Zimbabwe (3,0%), la Norvège (3,0%). La croissance de la formation de capital en Afrique de l'Ouest (3,0%) a été supérieure à celle du monde (2,8%), et inférieure à celle de l'Afrique (3,2%).

Comparaison avec les sous-régions. La formation de capital de l'Afrique de l'Ouest était supérieure à celle de l'Afrique australe (26,1 milliards de dollars), d'Afrique de l'Est (11,3 milliards de dollars) et de l'Afrique centrale (7,9 milliards de dollars); mais inférieure à celle de l'Afrique du Nord (43,2 milliards de dollars). La formation de capital fixe par habitant en Afrique de l'Ouest était supérieure à celle de l'Afrique centrale (96,4 de dollars) et d'Afrique de l'Est (52,2 de dollars); mais inférieure à celle de l'Afrique australe (559,4 de dollars) et de l'Afrique du Nord (270,7 de dollars). La croissance de la formation de capital en Afrique de l'Ouest était supérieure à celle de l'Afrique du Nord (2,6%) et de l'Afrique australe (1,5%); mais inférieure à celle de l'Afrique centrale (7,6%) et d'Afrique de l'Est (3,9%).

Les leaders. La formation de capital de l'Afrique de l'Ouest dans les années 1990 comprenait: Nigeria (69,4%), Ghana (11,2%), Côte d'Ivoire (3,7%), Sénégal (3,5%), Mali (1,9%), autres (10,3%). La part de la formation brute de capital fixe dans le PIB des leaders: Nigeria (42,5%), Ghana (26,9%), Mali (22,1%), Sénégal (17,3%), Côte d'Ivoire (11,1%). La formation de capital par habitant en Afrique de l'Ouest parmi les leaders: Ghana (227,4 US$), Nigeria (221,7 US$), Sénégal (140,4 US$), Côte d'Ivoire (91,4 US$), Mali (69,2 US$). La croissance de la formation brute de capital fixe en Afrique de l'Ouest parmi les leaders: Mali (8,5%), Sénégal (5,7%), Côte d'Ivoire (5,7%), Nigeria (2,7%), Ghana (-0,63%).

Les années 2000

La formation de capital fixe de l'Afrique de l'Ouest était de 62,5 milliards de dollars par an dans les années 2000 à égalité avec la Norvège (62,6 milliards de dollars). La part dans le monde était de 0,57% et de 24,5% en Afrique.

La part de la formation brute de capital fixe dans le PIB de l'Afrique de l'Ouest était de 23,4% dans les années 2000, à égalité avec la Tunisie (23,4%), Djibouti (23,4%), le Liban (23,3%).

La formation de capital fixe par habitant en Afrique de l'Ouest était de 235.5 dollars dans les années 2000, à égalité avec la Moldavie (233,6 de dollars), l'Afrique centrale (231,7 de dollars). La formation de capital par habitant en Afrique de l'Ouest était 7,2 fois inférieure la formation de capital par habitant au Monde (1 690,7 US$), et 16,2% inférieure la formation de capital fixe par habitant en

Afrique (280,9 US$).

La croissance de la formation brute de capital fixe en Afrique de l'Ouest était de 2.1% dans les années 2000, à égalité avec la Belgique (2,0%), l'Espagne (2,1%). La croissance de la formation de capital en Afrique de l'Ouest (2,1%) a été inférieure à celle du monde (3,5%), et inférieure à celle de l'Afrique (5,6%).

Comparaison avec les sous-régions. La formation de capital de l'Afrique de l'Ouest était supérieure à celle de l'Afrique australe (45,8 milliards de dollars), d'Afrique de l'Est (26,3 milliards de dollars) et de l'Afrique centrale (25,7 milliards de dollars); mais inférieure à celle de l'Afrique du Nord (94,3 milliards de dollars). La formation de capital fixe par habitant en Afrique de l'Ouest était supérieure à celle de l'Afrique centrale (231,7 de dollars) et d'Afrique de l'Est (92,0 de dollars); mais inférieure à celle de l'Afrique australe (842,8 de dollars) et de l'Afrique du Nord (495,7 de dollars). La croissance de la formation de capital en Afrique de l'Ouest était inférieure à celle d'Afrique de l'Est (10,1%), de l'Afrique australe (7,2%), de l'Afrique du Nord (6,7%) et de l'Afrique centrale (5,8%).

Les leaders. La formation de capital de l'Afrique de l'Ouest dans les années 2000 comprenait: Nigeria (67,8%), Ghana (13,2%), Sénégal (4,0%), Côte d'Ivoire (2,8%), Mali (2,0%), autres (10,3%). La part de la formation de capital dans le PIB des leaders: Ghana (36,8%), Nigeria (23,6%), Sénégal (22,5%), Mali (20,1%), Côte d'Ivoire (10,2%). La formation de capital par habitant en Afrique de l'Ouest parmi les leaders: Ghana (382,7 US$), Nigeria (307,8 US$), Sénégal (225,7 US$), Mali (98,2 US$), Côte d'Ivoire (95,0 US$). La croissance de la formation de capital en Afrique de l'Ouest parmi les leaders: Mali (11,3%), Ghana (11,3%), Sénégal (5,3%), Nigeria (0,52%), Côte d'Ivoire (-0,28%).

Les années 2010

La formation de capital fixe de l'Afrique de l'Ouest était de 120,2 milliards de dollars par an dans les années 2010 à égalité avec l'Iran (117,9 milliards de dollars). La part dans le monde était de 0,63% et de 23,4% en Afrique.

La part de la formation de capital dans le PIB de l'Afrique de l'Ouest était de 18,5% dans les années 2010, à égalité avec le Costa Rica (18,5%), le Belize (18,5%), la Bosnie-Herzégovine (18,6%).

La formation de capital fixe par habitant en Afrique de l'Ouest était de 345.5 dollars dans les années 2010, à égalité avec la Tanzanie (343,1 de dollars). La formation de capital par habitant en Afrique de l'Ouest était 7,6 fois inférieure la formation de capital fixe par habitant au Monde (2 621,1 US$), et 21,5% inférieure la formation de capital par habitant en Afrique (440,4 US$).

La croissance de la formation de capital en Afrique de l'Ouest était de 2.9% dans les années 2010, à égalité avec le Maroc (2,8%), la Corée du Sud (2,9%). La croissance de la formation de capital en Afrique de l'Ouest (2,9%) a été inférieure à celle du monde (4,1%), et inférieure à celle de l'Afrique (3,1%).

Comparaison avec les sous-régions. La formation de capital de l'Afrique de l'Ouest était 45,1% supérieure à celle d'Afrique de l'Est (82,9 milliards de dollars), 53,3% supérieure à celle de l'Afrique australe (78,4 milliards de dollars) et 93,3% supérieure à celle de l'Afrique centrale (62,2 milliards de dollars); mais 29,6% inférieure à celle de l'Afrique du Nord (170,8 milliards de dollars). La formation de capital fixe par habitant en Afrique de l'Ouest était 60,2% supérieure à celle d'Afrique de l'Est (215,7 de dollars); mais 3,6 fois inférieure à celle de l'Afrique australe (1 254,8 de dollars), 2,2 fois inférieure à celle de l'Afrique du Nord (771,6 de dollars) et 15,4% inférieure à celle de l'Afrique centrale (408,5 de dollars). La croissance de la formation brute de capital fixe en Afrique de l'Ouest était supérieure à celle de l'Afrique du Nord (2,2%), de l'Afrique australe (1,2%) et de l'Afrique centrale (-0,89%); mais inférieure à celle d'Afrique de l'Est (10,4%).

Les leaders. La formation de capital fixe de l'Afrique de l'Ouest dans les années 2010 comprenait: Nigeria (61,4%), Ghana (11,9%), Côte d'Ivoire (7,0%), Sénégal (4,0%), Niger (2,6%), autres (13,3%). La part de la formation de capital dans le PIB des leaders: Niger (29,6%), Ghana (25,3%), Sénégal (24,1%), Côte d'Ivoire (19,3%), Nigeria (16,5%). La formation de capital fixe par habitant en Afrique de l'Ouest parmi les leaders: Ghana (517,2 US$), Nigeria (412,2 US$), Côte d'Ivoire (363,1 US$), Sénégal (330,3 US$), Niger (155,5 US$). La croissance de la formation brute de capital fixe en Afrique de l'Ouest parmi les leaders: Sénégal (8,9%), Niger (6,4%), Nigeria (3,0%), Ghana (0,92%), Côte d'Ivoire (-1,3%).

www.ingramcontent.com/pod-product-compliance
Lightning Source LLC
Chambersburg PA
CBHW080523220526
45465CB00006B/2579